Haftungsausschluss:

Die Ratschläge im Buch sind sorgfältig erwogen und geprüft. Alle Angaben in diesem Buch erfolgen ohne jegliche Gewährleistung oder Garantie seitens des Autors und des Verlags. Die Umsetzung erfolgt ausdrücklich auf eigenes Risiko. Eine Haftung des Autors bzw. des Verlags und seiner Beauftragten für Personen-, Sach- und Vermögensschäden oder sonstige Schäden, die durch die Nutzung oder Nichtnutzung der Informationen bzw. durch die Nutzung fehlerhafter und/oder unvollständiger Informationen verursacht wurden, sind ausgeschlossen. Verlag und Autor übernehmen keine Haftung für die Aktualität, Richtigkeit und Vollständigkeit der Inhalte und ebenso nicht für Druckfehler. Es kann keine juristische Verantwortung und keine Haftung in irgendeiner Form für fehlerhafte Angaben und daraus entstehende Folgen vom Verlag bzw. Autor übernommen werden.

Sollte diese Publikation Links auf Webseiten Dritter enthalten, so übernehmen wir für deren Inhalte keine Haftung, da wir uns diese nicht zu eigen machen, sondern lediglich auf deren Stand zum Zeitpunkt der Erstveröffentlichung verweisen.

Bibliografische Informationen der Deutschen Nationalbibliothek

Die Deutsche Nationalbibliothek verzeichnet diese Publikation in der Deutschen Nationalbibliografie; detaillierte bibliografische Daten sind im Internet über http://dnb.dnb.de abrufbar.

1. Auflage 2023
© 2023 by Remote Verlag, ein Imprint der Remote Life LLC, Oakland Park, US
Alle Rechte vorbehalten. Vervielfältigung, auch auszugsweise, nur mit schriftlicher Genehmigung des Verlages.

Redaktion: Isabelle Müller
Lektorat und Korrektorat: Katrin Gönnewig und Annika Hülshoff
Umschlaggestaltung: Zarka Bandeira
Satz und Layout: Zarka Bandeira
Illustrationen und Grafiken: Chaela - Chaela.de

ISBN Print: 978-1-955655-65-1
ISBN E-Book: 978-1-955655-66-8
www.remote-verlag.de

SYLVIA WALUKIEWICZ

REAKTIVIERUNG deiner
weiblichen URKRAFT

**Wie du dich nach einem Trauma wieder weiblich
und lebendig fühlst**

Inhalt

Vorwort

Weiblichkeit ist etwas Wunderbares, sanft und kraftvoll zugleich. Wenn wir unsere Weiblichkeit wirklich leben, sind wir tief mit unserer Intuition verbunden, nehmen uns mit Selbstliebe an und strahlen eine unbändige Stärke und eine tragende Stabilität aus.

Gerade wenn wir mit unserer wahren Weiblichkeit verbunden sind, haben wir die *Kraft* und die *Ausdauer, Ziele* zu erreichen, jedoch auf unsere eigene, weibliche Art. Unsere weiblichen sexuellen Energien fließen und wir fühlen uns *eins* mit unserem Körper.

Leider sieht die Realität der meisten Frauen anders aus: Ihr Alltag ist geprägt von Konkurrenzdenken und dem Druck, alles unter einen Hut zu bekommen. Dabei sollen sie bitte auch noch »gut aussehen«. Viele Frauen spüren sich selbst kaum und lehnen ihren Körper ab, weil dieser nicht den »Vorgaben« und Erwartungen der Gesellschaft entspricht. Diese Muster entstammen meist der Vergangenheit, in der gesellschaftliche Glaubensmuster oder Rollenbilder unser Bild von uns selbst stark geprägt haben. Zudem wurden bei vielen Frauen die eigenen Grenzen nicht respektiert und es kam zu Unterdrückung, Belästigung oder Missbrauch. Das alles hinterlässt Verletzungen und hindert uns daran, unsere wunderbare Weiblichkeit in vollen Zügen auszuleben.

Einleitung

Meine weibliche Essenz war lange blockiert, verletzt und konnte nicht aufblühen. Schon als Kind wurde ich mit dem gesellschaftlichen Ungleichgewicht zwischen Männern und Frauen (oder besser: dem Männlichen und dem Weiblichen) konfrontiert. Im Alter von sechs Jahren hinterfragte ich, weshalb meine Großmutter zusätzlich zu ihrer regulären Arbeit den Haushalt stemmte, während mein Großvater »nur« arbeitete und daheim kaum mithalf.

Auch stolperte ich über die Beobachtung, dass sich Männer aus meinem Umfeld seltsam verhielten, indem sie etwa anderen Frauen hinterherschauten, Sprüche über deren Aussehen brachten oder sich Filme ansahen, in denen leicht bekleidete Damen eine Rolle spielten – und das, obwohl diese Männer in (vorgeblich) glücklichen Beziehungen lebten!

Im Erwachsenenalter kann ich das heutzutage natürlich wohlwollender einordnen, und ich verstehe die Hintergründe eines solchen Verhaltens. Trotzdem möchte ich diese Beobachtung als Beispiel für eine gesellschaftliche Schieflage heranziehen. Auch meine eigene Weiblichkeit wurde in jungen Jahren durch körperlichen und seelischen Missbrauch verletzt. Tiefe Spuren wirkten sich lange auf verschiedene Lebensbereiche aus. Als ich an den Punkt kam, an dem es »nicht mehr ging«, entschied ich mich dazu, die Verletzungen aufzuarbeiten – eine der besten Entscheidungen meines Lebens.

Die Weiblichkeit *war* und *ist* weiterhin ein zentrales Thema meines Lebens. Dadurch, dass ich mich intensiv mit meiner Heilung befasste, erkannte ich, dass es möglich ist, solche Erlebnisse und traumatischen Erfahrungen aufzuarbeiten und wieder in meiner vollen weiblichen Essenz aufzublühen.

Heute arbeite ich als Psychologin, Life & Personality Coach und Schamanin und unterstütze Frauen dabei, solche und ähnlich gelagerte Themen zu lösen. Mit diesem Buch gebe ich einen Einblick in die gesellschaftlichen Hintergründe, die das Ungleichgewicht haben entstehen lassen, und erläutere anhand wahrer Geschichten das Ausmaß der Auswirkungen individueller Erlebnisse.

Im zweiten Teil gehe ich darauf ein, wie wir die Missstände gemeinsam umkehren und die daraus entstandenen Verletzungen heilen können, und zeige auf, welche Techniken uns dabei helfen. Kein »quick fix«, sondern Methoden, die Grundlegendes ins Positive verändern und langfristiges Wohlbefinden sicherstellen.

Zu guter Letzt bringen wir die Weiblichkeit ins Blühen und ermöglichen damit, dass unsere wahre weibliche Essenz wieder fließen kann.

Ich freue mich, dich auf dieser Reise unterstützen zu dürfen!

Zum Schluss des Vorwortes noch ein Hinweis: Ich spreche mit diesem Buch vor allem Frauen an, weshalb ich meistens auch die weibliche Form benutze. Selbstverständlich schließe ich damit aber auch immer die männliche Form (und umgekehrt) ein.

KAPITEL 1

Geschichtliches und Entwicklung der Weiblichkeit in der Gesellschaft

Zu Beginn unserer Reise werfen wir einen Blick auf die Geschichte der Weiblichkeit, die uns viel über deren Entwicklung im Laufe der Zeit verrät. Zwar bin ich keine Historikerin, habe aber im Laufe meiner akademischen Ausbildung einige hundert Quellen zu diesem Thema studiert. Es ging in meiner Maturaarbeit um die Veränderung des Lebens der Frau, speziell in Bezug auf das 20. Jahrhundert in der Schweiz und in Westeuropa. Zudem besuchte ich viele Vorträge und unterhielt mich mit Experten, um ihnen gezielte Fragen zu stellen und Sachverhalte zu diskutieren.

Es gab eine lang andauernde Zeitperiode, in der Männer und Frauen in Harmonie und Einklang miteinander leben konnten. Laut Überlieferungen wurden Frauen für ihre Weisheit, für ihre Intuition und Sanftheit geschätzt. Sie konnten sich mit ihren Fähigkeiten wunderbar in die Gesellschaft einbringen und waren gefragt, etwa dann, wenn man sich Rat einholen wollte. Was war der ideale Zeitpunkt, um einen entfernten Verwandten zu besuchen oder ein spezielles Gemüse anzupflanzen? Auch weitreichende Entscheidungen wurden mit Frauen besprochen, beispielsweise zu welchem Zeitpunkt der Sohn in den Krieg ziehen sollte. Zudem wurden Frauen für ihre heilenden Fähigkeiten geschätzt und dazugeholt, wenn eine Person krank war oder eine Geburt bevorstand. Frauen konnten ihre Weiblichkeit genau so leben, wie Männer ihre Männlichkeit leben konnten. Frieden und Harmonie lagen in der Luft.

Historiker streiten sich über den Zeitpunkt, an dem dieses Gleichgewicht aus der Balance geriet. War es, als die Kirche das »Sagen« über unsere Gesellschaft übernahm? Oder war es noch früher? Ganz klar ist es nicht; unbestritten ist jedoch, dass Religionen eine wesentliche Rolle spielten. Allein die Geschichte von Adam und Eva wirft Fragen auf: Warum entstand Eva aus einer Rippe von Adam? »Dann formte Gott, der Herr, eine Frau aus der Rippe, die er Adam entnommen hatte« (1. Mose 2,22). Für Generationen von Bibelauslegern galt Eva als nachgeschobenes »Zufallsprodukt«, als etwas, was dem Mann »notgedrungen« entnommen wurde. Während Gott sich bei Adam noch Mühe gab, variierte er für die Frauen-Version des Menschen lediglich die Vorlage.

Und damit nicht genug: Später wurden Adam und Eva aus dem Paradies verbannt – wegen Eva! Und ganz grundlegend:

Warum wird Gott bis heute als männlich angesehen, nicht etwa als weiblich oder gleich vollkommen geschlechtsneutral? Männern war es vorbehalten, als Mönche ins Kloster zu gehen, Frauen durften das nicht. Die Mönche verpflichteten sich zur Ableistung eines Zölibats; verstieß ein Mönch gegen die Regeln, indem er etwa mit einer Frau schlief, lud nicht er die Schuld auf sich, sondern die Frau, die ihn angeblich zu dieser Untat verführte. Sie wurde als »des Teufels« bezeichnet und gefoltert, in vielen Fällen sogar getötet. Obendrein gab es Zeiten, in denen Frauen die Intelligenz abgesprochen wurde.

Die Rollenverteilung

Früher gab es in den meisten Kulturen eine klare Rollenverteilung. Auch bei uns war das so; die Frau lebte die drei Ks: Kinder, Küche, Kirche. Zudem wurde sie für ihre Schönheit und für das Kinderkriegen wertgeschätzt; andere typisch weibliche Eigenschaften blieben außen vor. Eine Beobachtung ist, dass in reichen und patriarchalen Kulturen (zu denen ich unter anderem auch die Pharaonen in Ägypten zähle) ein Mann *mehrere* Frauen hat, während sich in ärmeren Kulturen, beispielsweise in Tibet, zwei Brüder *eine* Frau teilen und Sex mit ihr haben. Wirtschaftliche Gründe waren dafür ursächlich; im Falle eines Nachwuchses konnten sie sich gemeinsam um das Kind kümmern. Und schlief die Frau abwechselnd mit beiden Brüdern, hatte das Kind die entsprechenden Gene – am Ende war alles in Ordnung.

Die sich daraus ergebende Hypothese besagt demnach, dass die Frau in ärmeren Regionen eine hohe Stellung innehat, während sie in reicheren Regionen als weniger wichtig angesehen wird.

Wir brauchen aber gar nicht bis nach Asien oder Ägypten zu reisen, um festzustellen, wie es um die Stellung der Frau in der Gesellschaft bestellt war. Ein Artikel im Zivilgesetzbuch für die Schweiz zeigt die ganze Absurdität; im Jahre 1960 besagte dieser:

Der Ehemann sorge als »das Haupt der Familie« für den Unterhalt, während die Ehefrau »den Haushalt führt«.

In Frauenzeitschriften wurden Empfehlungen ausgesprochen, sich den Tag so aufzuteilen, dass eine Frau mindestens vier Stunden für den Mann hat, zwei Stunden (oder mehr) für den Haushalt und zwei Stunden für sich. Für den Mann also doppelt so viel Zeit wie für sich selbst – das sagt schon alles.

Es gibt kein konkretes Datum, aber im Laufe der 1960er-Jahre kamen Frauen mehr in ihre Power, machten Ausbildungen und emanzipierten sich. Ab den 70er-Jahren durften sie an Hochschulen studieren und an politischen Abstimmungen teilnehmen, in der Schweiz zum Beispiel ab 1971. Die Gleichberechtigung schritt voran, auch wenn es weiterhin um eher männliche Attribute ging: Leistung, Arbeit, Fortschritt, Wachstum. Die Frau begann, sich mit dem Mann zu »messen« und in dem, was der Mann gut kann, ebenfalls gut werden zu wollen. Daraus entwickelten sich die neuen drei Ks: Kampf, Karriere und Kompromisslosigkeit. Frauen wollten damals wie heute Männern in nichts nachstehen und zeigen, dass auch sie in die sogenannten Chefpositionen kommen konnten.

Wo aber blieb die *wahre Weiblichkeit?* Ging es bei all diesen emanzipatorischen Schritten nicht eher darum, sich dem Männlichen anzugleichen?

Drehen wir das Rad in die heutige Zeit hinein, sehen wir noch immer Unterschiede zwischen Männern und Frauen in der Gesellschaft. In der Werbung etwa, in der Frauen eher mit ihrem Körper dargestellt werden, während bei Männern vorrangig das Gesicht gezeigt wird. Oder aber beim Lohn, bei dem es immer noch kleine Unterschiede gibt.

Ältere Männer werden eher als *weiser, reifer* und *attraktiver* angesehen als ältere Frauen. Auf der Oberfläche leben Menschen nicht nach diesen Glaubenssätzen; aber unterbewusst schwingt eine Wertung mit.

In einigen Kulturen wird die weibliche Energie wertgeschätzt. Weibliche Energie bedeutet Harmonie in der Familie, das tragende und ausgleichende, verbindende Element. Auf Hawaii erkannten indigene Völker schon früh, dass das Wohlbefinden der Frau auf alle anderen Familienmitglieder abstrahlt. Wenn sie *genährt* ist, kann sie andere *nähren* und *harmonisieren*.

Man sagt auch, auf Hawaii bringe der Mann der Frau das Bier (und nicht umgekehrt), damit sie in der Harmonie bleibt. Durch ihre Harmonie bleiben *alle* mehr in der Verbindung zueinander.

Was ist wahre Weiblichkeit?

Unter *wahrer* Weiblichkeit wird gemeinhin das *Fühlen* verstanden, das Mitgefühl, das *Sein*. Es beinhaltet das Liebevolle, Sanfte, Verbindende, Harmonisierende und den direkten Zugang zur Intuition. Frauen gehen mit ihrem *eigenen* Rhythmus und entwickeln ein Gespür für ihre eigenen inneren Zyklen. Es wäre gegen ihre Natur, von morgens acht Uhr bis nachmittags um fünf Uhr zu arbeiten – klüger ist, den Antrieb der eigenen Energie zu nutzen und dadurch im Endeffekt viel produktiver zu sein.

Auch die Empathie ist weiblich, das Dasein füreinander und das Zuhören. Weiblichkeit ist eher nach innen gerichtet; es geht weniger um Leistung im Außen, sondern um die innere Harmonie, das innere Gleichgewicht und das Fühlen.

Weibliche Energie versus männliche Energie

Männer und Frauen tragen jeweils Anteile sowohl weiblicher als auch männlicher Energie in sich, die je nach Persönlichkeit und Kontext unterschiedlich ausgeprägt sein können.

Weiblichkeit und Männlichkeit sind Energieformen mit unterschiedlichen Attributen. Keine dieser Formen ist »besser« oder »schlechter« – beide stehen gleichberechtigt nebeneinander, sind wichtig und essenziell für unser aller Zusammenleben.

Dennoch haben sich gesellschaftliche Rollen herausgebildet, in denen dem Männlichen mehr Wert zugeschrieben wird als dem Weiblichen. Viele Menschen denken, das Weibliche habe vor allem mit Aussehen, Schmuck und Schminken zu tun – oder lediglich mit mütterlichen Aspekten. Die wahren weiblichen Energien beinhalten jedoch viel mehr Bestandteile, die zu wenig Aufmerksamkeit bekommen.

Welcher Teil der Energie bei Männern und Frauen gelebt wird, ist abhängig von der eigenen Persönlichkeit und vom Kontext, zu dem auch die Lebenssituation gehört. Stillt eine Frau gerade ihr Baby oder kümmert sie sich um ihr Kleinkind, wird sie einerseits weibliche Attribute leben, jedoch auch Verhaltensweisen an den Tag legen, die wir eher Männern zuschreiben würden: Stärke, Beschützen, proaktives Handeln. Wir erkennen, dass all diese Verstrickungen komplex sind – und dass das gezeichnete Bild darüber, dass Frauen vornehmlich als »Beiwerk« gelten oder als eine Art Assistenten fungieren, dem Wesen des Menschen nicht gerecht werden.

Optimal ist, sich der Energien bewusst zu sein und sowohl die weiblichen als auch die männlichen Aspekte zu nähren und auf diese Weise das eigene Potenzial zu wecken und aufblühen zu lassen. Schlussendlich wird sich jede besser kennenlernen und diese Energien ausgleichen.

Attribute der Männlichkeit

Handeln, Logik, lösungsorientiertes Denken, Struktur, Analyse, Zeitdenken und -bewusstsein, »eins nach dem anderen«, Fokus, aktiv sein, für andere sorgen, beschützen, Dominanz

Attribute der Weiblichkeit

Sein, Kreieren, Intuition, prozessorientiert, räumliches Denken, in Tätigkeiten eintauchen und mit ihnen eins werden / in ihnen aufgehen, Weite, Integration, fühlen und spüren, Selbstliebe, entstehen lassen, Raum geben, sich schützen lassen, passiv sein, Empathie

Die weiblichen Attribute werden eher der *rechten* Gehirnhälfte zugeordnet, die männlichen eher der *linken*. Auf die Intuition zu hören, ist *weiblich*, nach ihr zu handeln, ist *männlich*. Das Ergebnis der Handlung ist, dass wir *sein* können, was wiederum weiblich ist. Aus diesem Sein ergibt sich eine spielerische Aktivität, die wir schützen möchten; schützen ist männlich – und so weiter.

Ideal ist es, wenn wir *beide* Energien in *derselben* Aktivität leben können, etwa dann, wenn wir uns sicher und mit unserer Intuition verbunden fühlen (weiblich), während wir uns auf eine Handlung fokussieren (männlich).

Wir erkennen, dass das *eine* stets das *andere* bedingt und dass wir *beides* brauchen, um unser volles Potenzial zu leben.

Mit diesem Buch möchte ich die Aufmerksamkeit auf die *weiblichen* Attribute lenken, um ein Bewusstsein zu schaffen und Wertschätzung zu fördern. Wir werden alte Blockaden lösen, mit hinderlichen Glaubenssätzen brechen und Traumata transformieren und in die Heilung bringen.

All das legt den Grundstein dafür, dass die Weiblichkeit in uns wieder heilen und aufblühen kann.

KAPITEL 2

Verletzte Weiblichkeit

Wahre Weiblichkeit bedeutet *Schöpferkraft, Fließen, Verbundenheit* und *Einklang* mit sich und der Natur, mit den eigenen Zyklen und denen der Natur, und eine nährende Energie in sich zu tragen. Die weibliche Urkraft kann Dinge erschaffen und nähren, ohne dabei zu aktiv zu werden. Sie wird daher oft als *Ursprung allen Lebens* bezeichnet, da die weibliche Energie in einem weiblichen Körper Leben erschaffen kann. Das Gleiche gilt auch für Mutter Natur, die Pflanzen- und die Tierwelt.

Weibliche Energie wirkt haltend, ausgleichend, nährend und harmonisierend. Um diese Qualitäten zu leben, ist es essenziell, dass sie fließen kann und Raum dafür hat. Ein Blick in die Natur zeigt uns, dass einiges aus dem Gleichgewicht geraten ist. Die Erde wird ausgebeutet und wir geben ihr keine Verschnaufpause. Sie kann sich kaum erholen, erneuern, die Nahrung wird immer schneller aus den Böden gezogen und dass wir uns überhaupt eine Unterscheidung zwischen *Bio* und *Nicht-Bio* leisten, zeigt das Ausmaß der Unausgeglichenheit.

Ein ähnliches Ungleichgewicht beobachten wir auf der gesellschaftlichen Ebene: Leistung, Termine, Pflichten. Du sollst *funktionieren*, vorwärts, schneller, höher, weiter. Wir erkennen vornehmlich *männliche* Attribute. Diese sind wichtig, aber wir dürfen auf das Gleichgewicht achten. Das Weibliche wird zu wenig wertgeschätzt oder fehlt komplett, vor 20-30 Jahren häufiger, aber heute noch immer. Wir spüren die vielen Erwartungen darüber, wie etwas *zu sein hat*, was *gut* ist und wie es *sein sollte*. Oftmals fehlt uns der Bezug zu unserem Körper oder unserem Herzen. Das Fühlen ist eher weiblich, wohingegen viele Menschen im Kopf unterwegs sind. »Kopf-Denken« ist eher männlich. Wichtig, ja, aber nicht gleich gewichtet. Frühere Glaubenssätze lassen uns bis heute glauben, wir bräuchten Druck von außen, um Leistung zu bringen und zu funktionieren. Es gibt wenig Raum und Wertschätzung für das *Sein* oder *Fühlen*, für die Empathie, fürs Nähren, für die Selbstliebe, die allesamt weibliche Qualitäten sind. In vielen Teilen der Welt werden diese alltäglichen Dinge nicht wertgeschätzt und das Weibliche geschwächt, was wiederum zu einer höheren Anfälligkeit für Angriffe und Grenzüberschreitungen führt.

In den letzten Jahren entstand mehr Bewusstsein für diese Dinge und Veränderungen kamen in Gang, so gibt es immer mehr Kurse für das Aufleben der Weiblichkeit, emanzipatorische Gruppen, denen die Frauen sich anschließen können, es gibt Werbekampagnen, die kritisieren, dass die Frauen in den Werbekampagnen immer *so-und-so* aussehen müssen.

Aus meiner Sicht reicht all das nicht und wir brauchen eine grundlegende Transformation und Heilung, um die *wahre* Weiblichkeit wieder aufblühen zu lassen, sei es in puncto Natur, aber auch in den Frauen selbst. Natürlich darf auch der weibliche Anteil der Männer mehr geschätzt werden.

In diesem Kapitel gehen wir zunächst auf die möglichen Arten ein, auf die die Weiblichkeit verletzt oder missbraucht werden kann. Anschließend beleuchten wir die daraus entstandenen Glaubenssätze, Erwartungen und Nachwirkungen.

Wie kommt es zur verletzten Weiblichkeit?

Mir ist wichtig zu sagen, dass es bei der folgenden Aufzählung nur um die Analyse und die Betrachtung geht, nicht um die Verurteilung oder Wertung. Wann immer du Heilung anstrebst, darfst du zunächst *verstehen* und die Dinge in einen Gesamtzusammenhang bringen.

Die verletzte Weiblichkeit entsteht auf verschiedenen Ebenen. »Wie im Großen, so im Kleinen« – das, was im Großen beispielsweise auf der Ebene der Religion oder der Gesellschaft passiert, beobachten wir auch im Kleinen, in der Familie oder in der Ehe.

Religion

Es gibt viele Religionen, in denen das Weibliche wenig Wert erfährt und das Männliche »hochgehalten« wird.

Gesellschaft

In unserer Gesellschaft ist es teilweise noch immer so, dass die männlichen Attribute als wichtiger angesehen werden, wenn auch vermehrt auf der unterbewussten Ebene: Leistung, besser, schneller, Dinge schaffen, Dinge erledigen, Termine, zufrieden sein, wenn wir etwas geschafft haben.

Die Frage nach der *Lebensqualität,* der *Freude* oder danach, *wie man sich gefühlt hat,* spielen eine untergeordnete Rolle.

Bildung

Frauen durften über viele Jahre hinweg nicht studieren; in einigen Regionen der Welt ist das heute noch so. Deutschland gilt historisch als europäisches Schlusslicht; Frauen durften erst studieren, als die meisten Hochschulen in Europa schon für Frauen zugänglich waren. Die ersten deutschen Zulassungen für Frauen gab es in Heidelberg ab dem 28. Februar 1900. Nicht zuletzt die außerordentlich guten Erfahrungen, die die Schweiz mit dem Frauenstudium gemacht hatte, sorgten für die Liberalisierung der Zugänge. Anfangs studierten viele Frauen Naturwissenschaften, doch schon bald war die Mehrheit der Frauen in den Geisteswissenschaften eingeschrieben – ein Phänomen, das bis heute anhält.

Politik

In vielen Ländern herrschen und regieren vorwiegend Männer, in vielen Ländern ist auch für die nächsten 10 bis 20 Jahre nicht denkbar, dass sich das ändern wird. Auch deutschsprachige Länder taten sich lange schwer damit, Frauen in politische Führungspositionen zu heben. Mit Angela Merkel trat 2005 die erste Frau das Amt des Bundeskanzlers an; 2021 wurde sie vom Forbes-Magazin in dieser Rolle gar als »mächtigste Frau der Welt« ausgezeichnet. Überhaupt gleichen sich die Verhältnisse immer mehr an.

Arbeit und Wirtschaft

Wer ist *der Chef* im Unternehmen? Oftmals ein Mann. Wer ist für die »wichtigen« Entscheidungen zuständig? Oftmals ein Mann. Wenn wir auf die Vorstände und Führungsetagen blicken, sind diese oft männlich dominiert.

Außerdem gibt es immer wieder Diskussionen um den sogenannten Gender-Pay-Gap. Kurz gesagt, dieser bedeutet, dass Frauen für die gleiche Arbeit weniger verdienen im Vergleich zu Männern. Ob dies statistischen Verzerrungen geschuldet oder tatsächlich ein Beleg für eine Benachteiligung von Frauen ist, ist Bestandteil breiter Diskussionen – klar ist, dass es noch immer viel zu tun gibt.

Kultur

In vielen Kulturen werden Frauen nicht als wertvoll angesehen; in Indien hat die Frau beispielsweise nichts zu sagen. In den meisten Kulturen ist das glücklicherweise ausgeglichener. Aber auch bei den unausgeglichenen Kulturen kommt viel von der »mangelnden Wertschätzungsenergie«, die wir unbewusst wahrnehmen und nach der wir oftmals immer noch handeln. Und: Auch wenn man in Westeuropa aufgewachsen ist, ursprünglich aber der fremden Kultur entstammt, haben die vererbten kulturellen Betrachtungsweisen einen Einfluss auf die eigene Wahrnehmung und das eigene Verhalten. Wir vererben eben nicht nur die Augenfarbe oder die Statur, sondern auch Emotionen und gespeicherte Glaubenssätze.

Werbung

Wie bereits erwähnt, zeigen Untersuchungen, dass Männer und Frauen in Werbekampagnen unterschiedlich dargestellt werden. Während Frauen meistens mit ihrem ganzen Körper abgebildet werden, ist bei Männern oft nur Kopf und Gesicht zu sehen. Das lässt sie *intelligent* und *wichtig* wirken, während bei den Frauen Wert auf das Äußere gelegt wird, was ein Ungleichgewicht erzeugt.

Natürlich gilt das auch in Bezug auf die Kleidung; Männer sind sportlich gekleidet oder so, als kämen sie gerade aus einem wichtigen Geschäftstermin, Frauen hingegen sind oft leicht bekleidet, was erneut den Äußerlichkeiten in die Hände spielt und weniger den wahren weiblichen Eigenschaften entspricht.

Familie

In vielen Familien arbeitet die Frau im Haushalt und erzieht die Kinder, während der Mann die Versorgerrolle einnimmt. Was die Frau tut, wird als »Hausarbeit« abgetan, während der Mann dafür bewundert wird, das Einkommen zu produzieren. Auch wenn heutzutage viel mehr Frauen einer beruflichen Tätigkeit nachgehen, übernehmen sie oftmals immer noch den größeren Anteil der Hausarbeit.

Ehe & Beziehung

Auch in der direkten Beziehung herrscht ein Ungleichgewicht, der Frau werden implizit weniger Freiheitsrechte zugestanden. Nicht auf dem Papier, sondern auf soziologischer Ebene. Wer bleibt zu Hause und hütet den Nachwuchs? Die Frau. Wer wird kritisiert, wenn die warme Mahlzeit abends nicht auf dem Tisch steht? Die Frau. Die Rollenverteilung ist im Default-Modus von Beginn an durch das Geschlecht bestimmt; Frauen, die bis tief in die Nacht arbeiten, regelmäßig zum Fußballtraining gehen oder die heimische IT verwalten, werden schief angeguckt.

Natürlich gibt es Frauen, die von sich aus lieber mehr daheim sind und deren innerster Wunsch es ist, sich um die eigenen Kinder zu kümmern. Was ich jedoch hier hervorheben möchte, ist die implizite Annahme, dass die Frauen bestimmte Tätigkeiten eher übernehmen. Oft beobachte ich zudem, dass im Nachwuchsfall eher die Frauen auf Freizeitaktivitäten verzichten.

Zwischenmenschliche Interaktionen

Manchmal bekommen wir Tipps oder Lösungsvorschläge, obwohl wir einfach nur unser Leid klagen und uns gesehen fühlen möchten. Dieses »Problem → Lösung«-Schema ist eine typisch *männliche* Herangehensweise; *weiblicher* wäre es, dem anderen Menschen *zuzuhören* und ihn in seiner Welt abzuholen, ihm Raum zu geben und seine Gefühle wertzuschätzen.

Oftmals trauen wir uns nicht, die emotionalen Zustände zu kommunizieren, wir wollen dem anderen nicht zur Last fallen. Stattdessen unterhalten wir uns lieber über sachliche Fakten oder gesteckte Ziele.

Sexualität

Viele Männer wollen »schnell zum Zug kommen«, während sich Frauen eher Zeit nehmen möchten – und diese auch brauchen – und empathisch mit den Bedürfnissen ihres Gegenübers umgehen. Der Mann merkt das Ungleichgewicht oft nicht mal und reduziert Frauen gern auf ihre »Sexyness«. Umgekehrt geschieht das seltener. Viele Frauen erzählen von diesem Ungleichgewicht und dass sie nicht wissen, wie sie das ansprechen oder gar beheben können. Wenn ein Mann zu mir in die Sitzung kommt und es um dieses Thema geht, berichtet er meist davon, dass er sich »mehr Sex« wünsche und nicht wisse, weshalb seine Partnerin diesen Wunsch nicht teile.

Innenleben

Wir gestehen dem emotionalen Fluss weniger Raum zu und unterdrücken unsere Emotionen. Manchmal verurteilen wir uns sogar, weil wir *diese* oder *jene* Emotion fühlen oder glauben, wir sollten diese emotionalen Verletzungen aus der Vergangenheit loslassen. In Selbstgesprächen sagen wir oft: »Stell dich nicht so an« oder wir ignorieren unseren emotionalen Zustand und *funktionieren* einfach. Somit wird dem Weiblichen weniger Wert beigemessen und wir beschäftigen uns eher mit dem Handelnden, dem Planenden und Denkenden.

Die Auflistung zeigt, dass die Verletzung und teilweise sogar der Missbrauch der Weiblichkeit noch immer auf allen möglichen Ebenen stattfindet; in vielen Fällen nicht bewusst, sondern »unter der Haube«, und wir erkennen ihn erst, wenn er direkt vor unseren Augen physisch (zum Beispiel in Form eines sexuellen Übergriffs) auftritt.

Meiner Beobachtung und Erfahrung nach geschehen diese Verletzungen schon viel früher. Meistens gibt es Vorgeschichten; sei es, dass man kulturell »gelernt« hat, dass das Weibliche weniger wert ist oder nur aufgrund der Äußerlichkeiten geschätzt wird. Oder aber, es wird von Generation zu Generation »weitervererbt«. Viele Geschichten zeigen, dass die Mütter und Großmütter von emotional verletzten Frauen auch bereits nicht in ihrer Weiblichkeit gesehen und wertgeschätzt wurden.

Wie immer für unsere Kapitel gilt: Es soll keine Schuld auferlegt werden; weder möchte ich die Frauen beschuldigen noch die Männer. In erster Linie möchte ich Zusammenhänge und Ursprünge aufzeigen, mit denen wiederum Verständnis aufgebaut wird. Nur wer *versteht*, kann im nächsten Schritt Heilung erfahren oder später andere heilen.

5 Verletzungs-Arten – und wie die Verletzung generationsweise weitergegeben werden kann

Die Weiblichkeit kann auf verschiedene Arten verletzt und die Verletzung auf unterbewusster Ebene an die nächste Generation weitergegeben werden. Im Folgenden eine Auflistung der geläufigsten Punkte; der Überblick kann auf sämtliche Lebensbereiche angewendet werden. Es gilt:»wie im Großen, so im Kleinen«, also etwa in der Familie, aber auch gesellschaftlich.

1 Ablehnung des Weiblichen

Aufgrund der Tatsache, dass man den männlichen Attributen mehr Wert zuschreibt und mehr Aufmerksamkeit schenkt, wird das Weibliche indirekt abgelehnt. *Leistung* zählt, *Verstand* und *Logik* auch – weibliche Werte wie *Fühlen* oder *Intuition* gelten als Beiwerk. Gut zu erkennen ist das beim Vorstellungsgespräch, bei dem Männer in vielen Branchen im Vorteil sind. Und natürlich merken wir das auch im zwischenmenschlichen Umgang jeden Tag: Das Weibliche erfährt Ablehnung und wird wenig geschätzt. Denken wir etwa an Bewerbungsgespräche, in denen sich um weibliche Attribute seltener geschert wird, außer bei»weiblichen« Berufen, wie etwa der Kita-Angestellten. Im privaten Bereich zeigt sich das in Familien, in denen nicht über Emotionen gesprochen wird. In meiner Praxis arbeite ich mit Frauen, die in solchen Familien leben; selbst im Erwachsenenalter haben sie Mühe, ihre Emotionen zuzulassen, und entschuldigen sich, wenn eine Träne fließt. Allerdings beobachte ich auch, dass das Bewusstsein für emotionale Themen in einigen Bereichen langsam zunimmt – erfreulich! Jedoch ist immer noch viel Luft nach oben.

② Übergehen des Emotionalen

Wir spüren, dass es uns nicht gut geht oder dass wir »nicht mehr können«, dass wir müde sind, uns ausruhen und nähren möchten – uns das aber alles nicht zugestehen. Wir spüren ein »Nein« in uns, aber wir machen trotzdem weiter und übergehen damit das Emotionale. Das kann natürlich auch in der Beziehung sein; wir »fühlen uns nicht« und machen trotzdem mit. Oder natürlich beruflich oder privat mit Freunden, wenn wir zu Aktivitäten oder »Deals« überredet werden, zu denen wir uns im Nachhinein gedrängt und beinahe gezwungen fühlen.

③ Nur geliebt werden, wenn ...

Sind wir tief mit unserer Weiblichkeit verbunden, empfinden wir bedingungslose Selbstliebe und können auch anderen Liebe geben, aus freien Stücken, ohne Druck von außen, ohne Stress.

Die Weiblichkeit wird jedoch angegriffen, wenn es zu viele Erwartungen oder Forderungen darüber gibt, wie wir zu sein haben, und wenn wir das Gefühl haben, wir würden nur geliebt, wenn wir »so-und-so« sind, etwa dann, wenn der Mann von seiner Partnerin ein bestimmtes Verhalten einfordert oder auch Frauen sich selbst gegenüber. Auch Männer tragen weibliche

Anteile in sich, die übergangen werden, und können den Glaubenssatz in sich tragen, dass sie »nur geliebt werden, wenn ...«.

Das Weibliche ist empfangend und nährend. Ideal ist, wenn man mit sich tief verbunden ist, mit der Weiblichkeit und Selbstliebe. Menschen machen Fehler, aber genau dann ist es essenziell, sich zu vergegenwärtigen, dass die Liebe *dableibt*. Oftmals gehen wir zu harsch mit uns selbst ins Gericht und verurteilen uns dafür, etwas falsch gemacht zu haben. In dem Moment, in dem wir uns oder jemand anderen aufgrund eines Fehlers ablehnen, ist die Liebe nicht mehr bedingungslos, und das zeigt, dass die Bindung instabil ist. Auch diese Verhaltensweisen stammen aus der Gesellschaft oder dem Verhalten unserer Ahnen.

Manchmal wird die Liebe auch *erzwungen* und es kommt zu Appellen und Aufforderungen (»Schreib mir häufiger«, »Sag mir, dass du mich liebst«) – man spürt die Bedürftigkeit der anderen Person und es ist fraglich, ob es sich um *echte* Liebe handelt. Echte Liebe *fließt*, lässt frei und geschieht aus freien Stücken.

4 Erwartungen: »Weil du eine Frau bist«

Jede Frau hat schon mal gehört, wie Erwartungen an sie herangetragen wurden, einfach nur, weil sie dem weiblichen Geschlecht angehört: »Weil du eine Frau bist, solltest du dich *so-und-so* verhalten«, »Weil du eine Frau bist, solltest du dich um die Kinder kümmern«, »Weil du eine Frau bist, solltest du Kinder in die Welt setzen«, »Weil du eine Frau bist, solltest du Verständnis zeigen und empathisch sein, du bist doch eine Frau!«

Die Frau soll auf Festen *so-und-so* gekleidet sein und sie möge sich ihres Rollenbildes entsprechend verhalten, sie soll ruhig und anständig sein, gleichzeitig aber auch offen und kontaktfreudig, wenn es zur Situation passt. Bei Einladungen sollte man in der Küche mithelfen – und so weiter. Auch hier gilt: Das ist alles in Ordnung, aber nicht dann, wenn es nicht »von innen« kommt, sondern von außen aufgrund des Geschlechtes herangetragen wird.

5 Missbrauch des Weiblichen

Missbrauch kann aufgrund mehrerer Elemente entstehen und auch eine Kombination sein, zum Beispiel *Übergehen des Emotionalen*, wenn die Frau zuvor »Nein« gesagt hat. Dann kommt vielleicht der Glaubenssatz dazu, dass wir nur geliebt werden, wenn wir den Erwartungen des Partners entsprechen. Überdies gibt es den Erwartungsdruck, wenn auch nur unbewusst, indem der Frau die Verfügung über den eigenen Körper abgesprochen wird.

Wichtig: Oft ist man gerade dann angreifbar, wenn man bestimmte Glaubenssätze und Erwartungen bereits mitbringt. Man ist »geschwächt« und kann leichter übergangen oder missbraucht werden.

Aus der Praxis weiß ich, dass Frauen oft bereits *vorher* negative Glaubenssätze und Erwartungen hatten, mit denen Missbrauchssituationen regelrecht »angezogen« wurden. Auch das ist nicht als Täter-Opfer-Umkehr gemeint, sondern vielmehr als Erklärung dafür, dass Frauen, die sowieso schon verunsichert durch ihr Leben gehen, oft in Situationen geraten, die ihnen nicht dienlich sind und die ihre negativ geprägten Haltungen bestätigen. Es geht nicht um Schuld, sondern um die Analyse darüber, welche Verkettungen zu welchen Ereignissen führen.

Weshalb wird all das von Generation zu Generation weitergegeben?

Man könnte meinen, dass Mütter »klug genug« wären, all ihre negativen Erlebnisse nicht in Form von Glaubenssätzen an ihre Töchter weiterzugeben. Aber weit gefehlt: Vieles wird im Unterbewusstsein gespeichert und dort als Erfahrung zusammen mit gestauten Emotionen in der Erziehung weitergegeben. Das Verdrängte wird, wenn es überhaupt an die Oberfläche kommt, schöngeredet und als »war doch nicht so schlimm« heruntergespielt. Dadurch tritt keine Heilung ein, sondern, im Gegenteil, es sackt tiefer und wird dort an die nachfolgenden Generationen weitergegeben.

Das »Außen« ist der Spiegel des »Inneren«. Die äußere Realität spiegelt die innere Realität – und solange die innere Realität weder gelöst noch geheilt ist, werden immer wieder ähnliche Situationen angezogen. Und ja – so etwas kann vererbt werden, weil das Kind aus der Mutter heraus entsteht. Natürlich vererben wir im gleichen Maße Glaubenssätze und alte Realitäten vom Vater, da wir zur Hälfte aus seinen Genen bestehen. Es »nimmt viel mit«, nicht nur Augenfarbe, Gesichtszüge und Körpergröße, sondern auch das, was »unter der Haube« liegt. Das ist nicht spirituell gemeint, sondern einfach so, dass die Mutter gar nicht weiß, dass es anders sein könnte. Für sie ist es schwierig, eine andere Realität zu vermitteln; selbst dann, wenn sie so tun würde, als wäre nichts passiert, würde sie die gestauten Erlebnisse auf energetischer Ebene ausstrahlen. Sie trägt die ungeheilten Traumata mit sich herum und spricht nicht über sie, nicht zuletzt aus Scham oder Angst, von anderen Menschen dafür verurteilt zu werden. Das Festgesetzte spricht aus vielen Handlungen und Aussagen der Traumatisierten, und gerade Kinder nehmen alles sehr ungefiltert und feinfühlig wahr.

Das Vorleben der alten Realität hat einen intensiven Effekt auf die Nachkommen, solange die Verletzungen nicht geheilt sind. Auch die Vorbildrolle des Vaters ist entscheidend, da er der »erste Mann« im Leben des Kindes ist. Sein Verhalten, das wiederum auf seinen Glaubenssätzen basiert, nimmt Einfluss auf die wahrgenommene Realität seiner Nachkommen. Selbiges gilt für die Mutter. Ängste vor Männern beispielsweise oder eine Sucht nach Anerkennung können dazu führen, dass Kinder (insbesondere Töchter) ihre Umwelt begreifen als: »Aha, so funktioniert also die Welt, ich sollte mich vor Männern in Acht nehmen!« – nicht auf der kognitiven, sondern auf der emotionalen Ebene.

Das Gefühl, eine Teilschuld zu tragen

Vielen Frauen wird eingeredet, sie trügen eine Mitschuld an den Verhältnissen, in denen sie sich wiederfinden. Das führt zu einem Bild der Realität, das oft für sich selbst nicht hinterfragt wird:»Es ist so, ich bin nicht gut genug, ich muss mich schützen, ich muss kämpfen, die Welt ist böse, Männer sind *so-und-so*« ... und dann beginnen sie, in dieser Realität zu leben, auch wenn sie nicht jeden Tag präsent ist, im Unterbewusstsein ist sie gespeichert und wird im Außen ständig abgebildet. Es gilt, den Mut zu finden, auszubrechen und in die Heilung zu treten.

Welche Glaubenssätze, Erwartungen und Verhaltensweisen entstehen daraus?

Durch meine eigene Geschichte und dadurch, dass ich wundervolle Frauen in meiner Praxis begleiten durfte und bis heute begleiten darf, kenne ich die Folgen weiblicher Verletztheit auf allen Ebenen, also mental, emotional, physisch und auf der Verhaltensebene.

Es ist schwierig, die Ebenen *einzeln* zu betrachten, da sie alle miteinander verbunden sind und zusammenhängen. Das eine bedingt das andere, ein negativer Glaubenssatz über sich selbst (mentale Ebene) führt zu unangenehmen Emotionen (emotionale Ebene), die sich dann auf die Verhaltensebene auswirken und schlussendlich im Körper auf der physischen Ebene gespeichert bleiben. Deswegen liste ich im Folgenden einige Aspekte der Nachwirkungen auf und erkläre, wie sich eine Verletzung der Weiblichkeit auswirken kann.

Selbstbild

Verletzungen können zu einem negativen Selbstbild führen, das einen schwach werden und leiden lässt. Eine innere Stimme flüstert, du mögest dich abgrenzen, du seist zu dumm oder zu blöd, um dich zu schützen, oder du hättest es nicht anders verdient. Ein negatives Selbstbild führt zu einer Opferhaltung, die die Probleme intensiviert und verstärkt, ähnlich wie ein Brandbeschleuniger. Man fühlt sich ständig in der unterlegenen Position und macht damit anderen, vor allem aber sich selbst, das Leben schwer.

Es kann aber auch in die Gegenrichtung ausschlagen und aus Selbstschutz baut die Frau ein Selbstbild auf, in dem sie selbst sich allen anderen *überlegen* fühlt. Sie spielt mit Männern, statt sie ernst zu nehmen, weil sie Angst davor hat, sich (erneut) einzulassen und sich verletzlich zu zeigen.

Frauenbild

Die Verletzungen können sich auf das Bild auswirken, das du von Frauen und darüber hast, wie sie »sein sollten«; dass sie sich *so-und-so* zu kleiden und zu verhalten haben, dass sie ihr Leben auf eine gewisse Weise gestalten sollten (mit Kind und Kegel) und allgemein eine eher schwache und sich einfügende Position im Vergleich zu Männern einnehmen sollten. Vielleicht hast du sogar die Vorstellung, als Frau wärst du ohnehin unterlegen und hättest den Kürzeren gezogen.

Ein anderes Frauenbild, das aus Verletzungen in der Vergangenheit entstehen könnte, ist, dass es unabdingbar ist, sich zu schützen, weil wir ständig ausgenutzt werden. Und das Gegenteil: dass die Frauen den Männern überlegen und *mehr wert* wären. Folglich sollten die Männer die Frauen verehren und ihnen jeden Wunsch erfüllen.

Männerbild

Verletzte Frauen neigen dazu, die Eigenschaften von Männern zu pauschalisieren und die Mehrheit aller Männer in einen Topf zu werfen. »Männer sind Schweine« ist ein geflügelter Ausdruck, oder »Alle Männer sind *so-und-so*«. Auch ist es gängig, Männer in Kategorien einzuteilen und zu Unrecht zu verurteilen (»Typisch Mann!«). Aus diesen Vorgängen ergeben sich Glaubenssätze, die die Wahrnehmung verzerren.

Ein Mann, der ehrlich und liebevoll ist, wird als jemand wahrgenommen, der sich lediglich »*einschleimen*« möchte und nur »*auf das Eine*« aus ist.

Überdies ist es schwierig, diesen Glaubenssatz überhaupt zu erkennen und zu lösen. Das Gesetz der Resonanz besagt, dass im Außen stets das angezogen wird, was dem inneren Abbild entspricht. Somit ist die Wahrscheinlichkeit höher, einen Mann anzuziehen, der ein negatives Männerbild bestätigt, was wiederum das gespeicherte Bild verstärkt. Die ehrlichen Männer werden wir in diesem Fall weniger anziehen, weil diese nicht zum inneren Abbild passen.

Beziehungsbild

Auf keiner anderen Ebene lässt sich die psychisch-emotionale Stabilität so gut prüfen wie auf der Beziehungsebene. Wenn du das Leben mit einem anderen Menschen teilst, kommen unvermeidbar vergangene Konflikte hoch und es werden Wunden aufgerissen. Auf diese Weise wirst du dazu gezwungen, dich mit diesen Themen auseinanderzusetzen. Je verletzter die Frau ist, desto schwieriger ist es in der Regel für sie, sich auf neue männliche Beziehungspartner einzulassen. Zu groß ist das Trauma und zu vielfältig sind die gefürchteten Triggerpunkte. Häufig ziehen Frauen auch Partner an, die in den Charaktereigenschaften ihrem eigenen Vater ähneln. Das können sowohl positive als auch herausfordernde Aspekte sein. Auch beobachtete ich schon, dass Frauen immer wieder Männer mit ähnlichen Eigenschaften und Verhaltensweisen anziehen, obwohl sie sich auf bewusster Ebene etwas anderes wünschen. Aufgrund des Gesetzes der Resonanz ziehen wir Menschen und Situationen in unser Leben, die unser Inneres widerspiegeln. Wenn wir ein inneres Beziehungsbild haben, das von ungeheilten Verletzungen geprägt ist, werden sich diese Geschichten so lange wiederholen, bis wir sie in der Tiefe heilen.

Häufig entscheiden sich Frauen auch bewusst dafür, eine Beziehung mit jemandem einzugehen, der das Gegenteil des eigenen Vaters oder des Ex-Freundes ist. Die Frau darf dabei bedenken, dass das unbewusste (alte) Beziehungsbild noch besteht, solange sie es nicht verarbeitet hat. Auch dann, wenn sie sich aktiv dagegen entschieden hat, tut sie dies womöglich nicht aus einem reinen Herzen, sondern aus einem verletzten, noch ungeheilten Herzen heraus.

Ebenfalls kann es vorkommen, dass man nach außen hin die perfekte Beziehung lebt und als *Traumpaar* bezeichnet wird, und gleichzeitig innerlich nicht die Verbundenheit und Nähe empfinden kann, die einen erfüllen würde. Der Grund dafür können ebenfalls alte Verletzungen der Weiblichkeit sein, die in der Tiefe noch nicht geheilt wurden. Es fällt schwer, das Herz zu öffnen und sich auf jemanden einzulassen.

Körperbild und -wahrnehmung

Verletzungen führen zu Erwartungen, die kaum bis gar nicht erfüllt werden können, einerseits, weil optische Veränderungen Monate bis Jahre brauchen, und andererseits, viel wichtiger, weil mit dem angestrebten Zielzustand längst nicht »alles gelöst« wäre, sondern sich *neue* Probleme ergäben. Das Verstecken hinter der Optik oder dahinter, dass man »noch nicht gut genug aussieht«, ist ein Mechanismus, an dem sich die Unsicherheit und der Selbstschutz ablesen lassen. Manche verfallen in eine Ess-, andere in eine Magersucht. Beide Phänomene, so unterschiedlich sie ausgeprägt sind, deuten auf die gleiche Wurzel hin: den Glauben, dass der eigene Wert vom Aussehen abhängt und steigen würde, wenn man nur das Aussehen in eine bestimmte Richtung ändern würde. Der intensive Fokus auf den Körper kann auch als *Ablenkung vom Wesentlichen* dienen. Dreht sich ein Teil der täglichen Gedanken und Taten vor allem um das Aussehen, bleibt weniger Zeit, um sich den *wahren* Verletzungen zu widmen.

Eine weitere Folge emotionaler Verletzungen ist zu glauben, *so-und-so* aussehen zu müssen, um die Aufmerksamkeit eines Mannes zu erhalten. Dies kann geschehen, wenn du beispielsweise betrogen wurdest und der Eindruck entstanden ist, dass die *Rivalin* attraktiver war als du selbst. Auch hier gilt es, die tiefen Wunden zu heilen und den eigenen Selbstwert als Frau wiederaufzubauen.

Das Ganze kann auch eine andere Richtung annehmen, indem eine Frau, die emotionalen oder körperlichen Missbrauch erlebt hat, sich bewusst oder oftmals auch unbewusst dafür entscheidet, körperlich nicht mehr attraktiv zu sein, um keine Aufmerksamkeit mehr von Männern zu erhalten. Nach dieser Überzeugung lebend, ist es von Vorteil, eher »nicht der Gesellschaft entsprechend« auszusehen, weil dies ein Schutz vor weiteren Verletzungen dieser Art ist.

Ängste

Verletzte Frauen schlagen sich mit allerlei Ängsten herum: Angst davor, sich zu öffnen, sich auf einen (neuen) Mann einzulassen, die Angst vor Ablehnung und Machtlosigkeit, Angst vor Kontrollverlust, verlassen zu werden oder andere Menschen zu nah an sich heranzulassen. Wie beim vorigen Punkt gilt auch hier: Verlustangst und Bindungsangst sind verschiedene Ausprägungen ein und derselben Medaille. Einige Ängste fallen im Alltag weniger auf, jedoch kommen diese in Beziehungen wieder zum Vorschein. Manchmal gelingt es auch, das Leben so zu gestalten, dass potenzielle Trigger bewusst vermieden werden, wie etwa Partys, auf denen die Frau einen Mann kennenlernen könnte. Unabhängig davon, wie sich diese Ängste zeigen, auf die eine oder andere Art verbinden sie die Frau immer mit den vergangenen Erlebnissen und sie ist nie wirklich frei davon.

Innerer Film

Manche Frauen erfahren sogenannte Flashbacks, erleben also traumatisierende Situationen erneut, oft dann, wenn sie sich derer nicht erwehren können, etwa in der Straßenbahn oder kurz vor dem Einschlafen. Plötzlich ist »alles wieder da« und die angestauten Emotionen kommen hoch. Meist tauchen während dieser Flashbacks nicht nur die Bilder vor dem inneren Auge auf, sondern auch die Emotionen und körperlichen Reaktionen sind wieder vollkommen präsent. Dies zeigt, dass sich solche verletzenden Erlebnisse *tief unter der Haut* abspeichern und wie ein Implantat einnisten können, bis man sie *entfernt*.

Sexualität

Verletzte Frauen können sich meistens weniger gut öffnen und verbleiben in Momenten der Leidenschaft in ihrem Kopf, statt mit allen Sinnen in den Moment einzutauchen und sich dem Gegenüber hinzugeben. Sie denken darüber nach, ob es in Ordnung ist, andere Körper zu begehren, und ob sie »eine gute Figur« machen. Ein innerer Dialog läuft ab: »Bin ich gut genug? Kann ich meinem Partner körperlich das geben, was er verdient und was er für sich erwartet? Entspreche ich den Erwartungen anderer? Was bedeutet es, wenn wir miteinander schlafen und wir sogar in eine Beziehung hineinrutschen? Werden alle meine alten Wunden wieder aufreißen? Was ist, wenn er mich nicht mehr gut findet, lässt er mich dann fallen? Bin ich die Einzige für ihn – oder lediglich eine von vielen?«

All das sind Fragen, die »hochkommen« und dich als verletzte Frau daran hindern, mit der anderen Person in sexueller Vollkommenheit zu versinken. Auch auf dieser Ebene gibt es Verhaltensweisen, die auf den ersten Blick paradox anmuten, aber

Ausdruck desselben Kerns sind: Manche Frauen *verschließen* sich körperlich, andere Frauen geben sich sehr offen und stürzen sich in vielzählige Abenteuer hinein. In dem Falle geht es dann nur um »*das Eine*« und es kann keine tiefgründige Bindung entstehen, da es so unmöglich ist, sich richtig auf jemanden einzulassen.

Bemerkenswert ist, dass viele Frauen, denen Missbrauch angetan wurde, über Umwege in die Prostitution hineinrutschen, weil sie ihre eigenen Grenzen nicht mehr spüren. Sie werden durch ihre Traumata regelrecht *hineingezogen*. Obwohl die traumatischen Situationen mit viel Schmerz verbunden sind, ziehen sie ähnliche Situationen immer wieder an – oder aber, manche Frauen sind nicht mehr mit ihrem Körper verbunden. Sie flüchten sich in ihren Kopf, sodass die Körperempfindungen in diesem Moment weniger wahrgenommen werden. Diese toxische Kombination kann dazu führen, dass eine Arbeit in diesem Gewerbe einfacher verrichtet werden kann. Auch ich durfte solche Frauen begleiten, mit ihnen zusammen Heilung finden und ein neues Leben aufbauen.

Emotionales Innenleben

Einige Aspekte des emotionalen Innenlebens habe ich schon erwähnt. Es kann jedoch generell festgehalten werden, dass meist ein emotionales Ungleichgewicht die Folge solch einschneidender Erlebnisse ist. Einige Frauen sind emotional wie *taub* und spüren sich kaum noch, andere können eher dauerhaft überreizt sein und wieder andere weisen extreme Stimmungs-schwankungen auf. Natürlich gibt es auch andere Gründe da-für, dass wir Stimmungsschwankungen haben oder überreizt sind, jedoch ist dies auf jeden Fall auch eine Begleiterscheinung ungeheilter emotionaler Verletzungen.

Mentale Welt

Auch die mentale Welt ist stark betroffen von solchen Erleb-nissen. Negative Glaubenssätze über die Außenwelt und sich selbst können die Folgen sein, geprägte Beziehungs- und Män-nerbilder ebenfalls. Oft wird das Denken negativ geprägt und die Zukunftsvision wird wie durch einen dunklen Schleier wahrgenommen. Die mentale Ebene ist essenziell bei der Auf-arbeitung, weil sie stark mit unseren Emotionen und der Wahr-nehmung unserer Außenwelt zusammenhängt.

Verhalten

Verletzte Frauen tendieren dazu, Verhaltensweisen zu interna-lisieren, mithilfe derer sie sich vor weiteren Verletzungen schüt-zen möchten. Sie können kaum mehr vorurteils- und angstfrei kommunizieren, wittern an jeder Ecke Gefahren und machen sich selbst, ihren Freunden und Liebsten das Leben schwer. Zu-grunde liegen eben jener Selbstschutz und wiederum die Angst, etwas Falsches zu machen, was dazu führen könnte, dass das Leid verstärkt wird. Oft beobachte ich, dass sich Frauen nach außen hin *ganz normal* benehmen und man es ihnen nicht anse-hen würde, dass da noch etwas aus der Vergangenheit »hängt«.

Viele haben gelernt, zu *schauspielern*. Auf diese Weise werden sie nicht dauernd darauf angesprochen. In ihnen drin jedoch läuft der innere Film ab und diese Diskrepanz von Außen und Innen kann einen sehr einsam machen.

Physische Ebene

Auf der physischen Ebene können sich körperliche Symptome zeigen, die den gestauten Stress und die Verletzungen widerspiegeln. Oftmals sind der Adrenalinspiegel im Blut sowie der Blutdruck erhöht, weil der Stress noch gestaut ist und die Gefahr theoretisch jederzeit wieder auftauchen könnte. Manchmal weist der Körper Hautrötungen auf, die die gestauten Emotionen anzeigen. Ein weiteres, nicht seltenes Geschehen ist, dass einige Frauen beim Sex, aber auch bei der Menstruation mittlere bis starke Schmerzen haben. Viele können sich beim Sex nicht »gehen lassen« und verkrampfen, was die Schmerzen beim Eindringen noch verstärkt.

Coping-Strategien, Alltag und Trigger

Für Betroffene ist es schwierig, am gesellschaftlichen Leben teilzunehmen, weil sie sich regelmäßig mit Ängsten, Flashbacks und emotionalem Ungleichgewicht konfrontiert sehen. Manchmal schämen sie sich auch für den eigenen emotionalen Zustand und behalten ihn für sich. In diesen Fällen können Strategien entstehen, die nach außen hin eine stabile Persönlichkeit vorspielen, obwohl das Innenleben ganz anders aussieht. Oftmals versuchen sie, den Tag mit Ablenkungen zu füllen, damit keine Zeit bleibt, in sich hineinzufühlen. Oder aber, es tritt das Gegenteil ein: Der Alltag wird bewusst mit vielen Pausen gestaltet, sodass emotionales Ungleichgewicht besser aufgefangen werden kann. Jeder Mensch hat eigene Präferenzen und eine eigene Art, mit Dingen umzugehen, weshalb wir nicht pauschalisieren und »Wenn – dann«-Regeln aufstellen sollten. Wir sollten immerzu schauen, wer sich auf welche Weise verhält und fühlt.

»Trigger« ist ein anderes Wort für *Auslöser* und wird in der Psychologie oft verwendet. Ein Trigger kann ein Wort, eine Handlung, ein Bild, ein Parfüm, eine Person oder ein Kleidungsstück sein; die Gemeinsamkeit ist, dass es auf irgendeine Weise mit dem schmerzvollen Erlebnis verbunden wird.

Viele verletzte Frauen wissen, dass es Trigger gibt, die den vergangenen Schmerz an die Oberfläche holen. Sie können wie aus dem Nichts eine intensive Reaktion auslösen, die einen der drei Überlebensreflexe nach sich zieht, nämlich *Flucht, Kampf* oder *sich tot stellen*. Diese Reaktionen erfolgen über das vegetative Nervensystem, ohne dass wir eine bewusste Kontrolle darüber hätten. Das zeigt, dass solche Erlebnisse tief im Körper, aber auch im Unterbewusstsein gespeichert werden. Zudem impliziert es die Notwendigkeit, auch auf körperlicher Ebene (und natürlich auch auf emotionaler Ebene) Aufarbeitung zu betreiben, da eine Gesprächstherapie oft zu wenig in die Tiefe geht. Auf die Aufarbeitung gehe ich in Kapitel 3 und 4 vertieft ein.

Solange die traumatische Erinnerung nicht auf allen Ebenen gelöst und geheilt wurde, ist es essenziell, die für sich passenden Coping-Strategien zu finden und regelmäßig anzuwenden. Als Coping-Strategien werden *Bewältigungsstrategien* bezeichnet, die einen unterstützen können, Stress, Ängste und emotionales Ungleichgewicht einfacher zu meistern.

Auch hier gibt es nicht *die eine Methode*, sondern es gilt herauszufinden, welche Strategien einem am meisten helfen.

Übungen zu Kapitel 2

In diesem Kapitel hast du ein Verständnis für die multiplen Möglichkeiten der Verletzungen der Weiblichkeit und deren Auswirkungen erlangt. Bevor wir nun zur Aufarbeitung und zu hilfreichen Übungen und neuen Betrachtungsweisen kommen, ist die Reflexion der eigenen Verletzungen der Weiblichkeit essenziell. Hierfür empfehle ich folgende Schritte:

1. Gehe die einzelnen Punkte beim Unterkapitel »Wie kommt es zur verletzten Weiblichkeit?« durch. Welchen Einfluss haben die Themen Religion, Gesellschaft oder Kultur auf dich und deine Weiblichkeit? Wie beeinflusst dich die Darstellung der Frau in der Werbung? Wie gehst du mit deinem emotionalen Innenleben um, wie viel Raum gewährst du ihm?

Nimm dir Zeit, vielleicht sogar ein paar Tage oder eine Woche, um diesen Aspekten nachzugehen und dich selbst in diesen Themen zu beobachten. **Ich empfehle dir die Erstellung von Notizen, die du bei den nächsten Kapiteln weiter verwenden kannst.**

2. Reflektiere auch die Punkte zu den fünf Verletzungsarten:
   a. Ablehnung des Weiblichen
   b. Übergehen des Emotionalen
   c. Nur geliebt werden, wenn ...
   d. Erwartungen:»Weil du eine Frau bist ...«
   e. Missbrauch des Weiblichen

Welche Erfahrungen hast du mit diesen Themen gemacht?
Mache dir Notizen.

3. Gehe das letzte Unterkapitel »Welche Glaubenssätze, Erwartungen und Verhaltensweisen entstehen daraus?« durch und frage dich: Wo erkennst du dich wieder? Welche Glaubenssätze und Verhaltensweisen treffen auf dich zu? Wie fühlen sie sich für dich an? Wie beeinflussen sie dein Leben? Auch hier sind Notizen empfehlenswert.

Nimm dir bei der Bearbeitung dieser Fragen Zeit, um sie auf dich wirken zu lassen und klare Erkenntnisse zu erhalten. Dies ist schon der erste Teil in Richtung der Heilung deiner Weiblichkeit: sich der Themen bewusst zu werden und die Zusammenhänge mehr und mehr zu verstehen. Eine gute »Vorarbeit« kann vieles vereinfachen.

Im nächsten Kapitel geht es einen Schritt weiter.

KAPITEL 3

Geschichten verletzter
Weiblichkeit – und
der Heilungsprozess

n diesem Kapitel möchte ich vier wahre Geschichten mit dir teilen, in denen die Weiblichkeit auf unterschiedliche Arten verletzt wurde. Zunächst erzähle ich dir meine eigene Geschichte, um dir Mut zu machen und zu zeigen, wie effektiv Traumata geheilt und verarbeitet werden können. Im Anschluss bekommst du drei weitere Geschichten von Klientinnen, die ich auf ihrem Weg begleiten durfte und die alle auf ihre Weise besonders sind.

Optimal wäre es, wenn du wertvolle Einsichten aus der Lektüre zögest. Bei allen Geschichten hebe ich hervor, welche Auswirkungen und Verletzungen die Ereignisse hinterlassen haben, aber auch, wie sich der Heilungsprozess vollzogen hat.

Begegne den Geschichten bitte mit Empathie, Respekt und Verständnis. An einigen Stellen wirst du womöglich Irritation verspüren, ein:»Warum hat sie denn so gehandelt?!« Das ist normal und in Ordnung – sollte aber nicht zu einer Verurteilung führen. Mache dir klar, dass jeder Mensch seine Vorgeschichte und Gründe hat, warum er bestimmte Erfahrungen macht. Aus der Ferne lässt es sich leicht werten – Menschen müssen ihre Schicksalspfade jedoch selbst bestreiten.

Lasse Mitgefühl walten – bleib ruhig oder meditiere, wenn die Geschichte Parallelen zu deinen eigenen Erfahrungen aufweisen sollte. Lasse Emotionen zu, notiere dir Gedanken; das Buch ist nicht nur zum Lesen da, sondern unterstützt dich auf verschiedenen Ebenen in deinem Heilungsprozess.

Zuerst werde ich die Hauptgeschichte erzählen, in der die Verletzung der Weiblichkeit offensichtlich war. Anschließend gehe ich auf die Auswirkungen ein, um nachher die Hintergründe aufzuzeigen und darzulegen, welche Muster, Ahnenthemen und Vorgeschichten dazu geführt haben. Zum Schluss thematisiere ich die Heilung und das, was wirklich geholfen hat.

Im darauffolgenden vierten Kapitel findest du praktische Übungen, die dich beim Transformieren begleiten. Und falls du doch in die Verurteilung rutschst, frage dich, was konkret du verurteilst und weshalb – und ob du dich nicht selbst in diesem Punkt verurteilst. Alles, was im Außen ist und womit du in Resonanz gehst, spiegelt das wider, was in deinem Inneren ist.

Ich lade dich auf eine Reise mit viel Tiefgang ein, mit Erkenntnissen, Emotionen und Heilung.

Meine eigene Geschichte: Vom ungeschützten Mädchen bis zur geheilten Frau

Durch einen entfernten Verwandten wurde ich in Polen im Alter von sieben Jahren zum ersten Mal missbraucht. Ich hatte keine Ahnung, was mit mir geschah, spürte nur, dass es *falsch* war. Das Vertrauen zu diesem Verwandten war da, ich redete mir ein, dass es *schon irgendwie okay* sein würde – Gott sei Dank blieb es bei diesem einmaligen Missbrauch.

Ein paar Jahre später war ich 13 Jahre alt und es geschahen innerhalb weniger Monate drei weitere Missbräuche. Einmal war es ein zu Besuch gekommener Bekannter, dann auf der Toilette in einer Diskothek und dann bei einer Art Date, bei dem ich eigentlich die Intention hatte, den Mann kennenzulernen. Bei allen diesen Ereignissen war es der Mann, der wollte – und ich wollte nicht – trotzdem haben sie gehandelt. Ich kommunizierte ein klares Nein, aber hatte mit 13 nicht die Durchschlagskraft, mich zu wehren. Es war, als wäre ich in der alten Realität gefangen, in die ich mit sieben Jahren hineingeworfen wurde. Ich ließ es über mich ergehen, fühlte mich schwach und ausgeliefert. Meine Grenzen waren durch meine Vorgeschichte wie aufgelöst. In diesen Monaten weinte ich viel, trank Alkohol und ging weiterhin in die Tanzbars. Meine Mutter war ebenfalls dabei und mein Vater wusste zumindest, dass wir öfter dort waren.

Im Oktober 2000, als ich fast 14 war, arbeitete ich in einem Restaurant und lernte dort viele Leute kennen, auch entfernte Bekannte meines Vaters. Vier Monate später erlebte ich genau mit diesen Männern eine prägende Situation. Ich wollte ursprünglich meinen Vater treffen; meine Eltern waren bereits geschieden und ich wollte ihn weiter regelmäßig sehen. So auch an diesem Abend. Es war bereits dunkel und mein Vater stockbesoffen. Er war bei seinen Bekannten, als ich dazu kam. Nach ungefähr einer Stunde sagte er, er wolle langsam heim und bat sie darum, mich heimzufahren. Sie willigten ein und ich stieg zu ihnen ins Auto. Unterwegs änderten sie ihre Meinung und fragten mich, ob ich nicht lieber zu einem von ihnen in die Wohnung fahren und dort mit ihnen ein wenig Alkohol trinken wolle. »Cool«, dachte ich mir, »klar, dann hab' ich was Interessantes zu tun!« Ich glaubte, wir würden miteinander anstoßen und es lustig haben – aber ja, du kannst dir denken, was passierte. Während der eine Mann den anderen nach Hause brachte, war ich mit dem Dritten allein. Und als der Fahrer zurückkehrte, war ich mit diesem dann auch noch einmal allein.

Es war keine physische Gewalt im Spiel, keine Schläge oder Würgen. Aber das, was passiert war, reichte aus, um große psychische Schäden anzurichten. Einer der Männer hatte aufgrund meines Nebenjobs im Restaurant leider meine Handynummer und bedrohte mich fortwährend. Er erpresste mich, indem er sagte, dass es nicht vorteilhaft sei, wenn die Gäste des Restaurants und die anderen Mitarbeiter erfahren würden, was ich mit ihnen angestellt habe – und um zu vermeiden, dass er es weitererzählt, musste ich weitere Missbräuche über mich ergehen lassen. Er manipulierte mich und aus Angst davor, mein Gesicht zu verlieren, sowie aus Scham ließ ich es über anderthalb Jahre über mich ergehen.

Vielleicht denkst du jetzt, ich hätte den Telefonhörer nicht abnehmen oder zur Polizei gehen sollen. Und ja, heutzutage lässt sich das leicht sagen. In dem damaligen Moment war ich jedoch voller Angst und Scham, sodass es mir nicht möglich war, für mich einzustehen. Meine Eltern unterstützten mich nicht und ich war im Alter von 13 Jahren auf mich allein gestellt. Jedes Mal war es sehr eklig und ich duschte nach jedem Mal anschließend ausgiebig. Manchmal liefen auch Pornos, als ich da war.

Für mich war es nicht nur ein Missbrauch, sondern richtiger Horror. Einer der Männer war krass drauf und sagte ständig, ich gehöre ihm und auch wenn ich eines Tages heiraten würde, solle ich weiterhin zu ihm kommen. Zu diesem Zeitpunkt wusste ich nicht, wie ich da herauskommen sollte, jedoch war mir tief in meinem Inneren klar, dass ich mir für später eine glückliche Beziehung wünschte, in der Liebe, Treue und Respekt eine Rolle spielten.

Eineinhalb Jahre später also, im Mai 2002, drohte mein damaliger Partner, mich umzubringen, wenn ich jetzt Schluss machen würde. Da er einiges mit Waffen am Hut hatte und sich in solchen Kreisen bewegte, wusste ich genau, dass er dies umsetzen könnte. Ich konnte und wollte dieses Gefängnis nicht mehr aushalten und spürte mehr und mehr meine eigene Kraft. Diese Drohung schüchterte mich nicht mehr länger ein, sondern rüttelte mich wach und versetzte mich in die nötige Klarheit, in einen anderen Zustand, in meine Macht. Ich erkannte, wie ich die Geschichte mit den ekelhaften Typen und die mit meinem Ex aufs Mal beenden konnte und änderte meine Handynummer. Von da an hatte ich Ruhe vor den Männern und vor meinem Ex. Dazu kam noch, dass das Restaurant, in dem ich gearbeitet hatte, schloss. Mein damaliger Partner bedrohte mich zwar weiterhin und lauerte mir vor der Haustür auf, ich hatte jedoch mittlerweile die Kraft gefunden, die Polizei zu Hilfe zu rufen. Er musste wegen anderer Vorgeschichten das Land verlassen – und somit endete auch diese Horrorgeschichte kurz vor meinem 15. Geburtstag.

Meine eigene Geschichte: Die Auswirkungen der Taten

Am stärksten von den Erlebnissen betroffen waren meine …

Beziehungen

Ich litt unter Projektionen und Zukunftsängsten und fürchtete, mein zukünftiger Partner würde genauso sein wie die Männer, die mich missbraucht hatten. Außerdem litt ich unter Verlust-ängsten, weil ich glaubte, jeder Mann, mit dem ich zusammen sein würde, würde in Wahrheit eher andere Frauen vorziehen und nicht treu sein.

Ich spürte auch oft die Machtlosigkeit, fühlte mich, als könnte ich nichts tun, um die Gegebenheiten zu meinen Gunsten zu verändern. Außerdem lebte in mir ein großes Misstrauen und gleichzeitig ein Bedürfnis nach Sicherheit in der Beziehung.

Nach außen verhielt ich mich normal, innerlich aber war ich verletzt und aufgewühlt.

Männerbild

Mein Männerbild war nicht positiv. Ich dachte, alle Männer seien wie die Täter und dass kein Mann mir jemals treu sein würde. Zudem verurteilte ich untreue Männer stark.

In mir selbst

... herrschten die beschriebenen Zukunftsängste. Ich wünschte mir nichts sehnlicher als eine liebevolle Beziehung, aber die Erlebnisse versperrten mir die Sicht. Immer wieder setzte das Kopfkino ein und ich stellte mir vor, was alles passieren und eintreten könnte. Meine Machtlosigkeit wandelte sich in eine Lähmung, vor allem, wenn ich mit meinen Partnern an Orten war, an denen andere Frauen waren. Wenn diese aufreizend angezogen waren, erinnerte mich das an die Filmchen, die die Täter abgespielt hatten, als ich bei ihnen war – furchtbar.

Körperlich

Mein Adrenalinspiegel war konstant hoch, wie aus dem Nichts bekam ich Hitzewallungen und überhaupt begleitete mich eine ständige Hyperaktivität. Zudem brauchte ich ein Ventil in Form von Sport, um die Überspannung abzubauen.

Mein Leben

Ich sah mich ständig mit dem Schmerz konfrontiert, der in emotionalem Stress mündete. Ich konnte kaum still sitzen, vor allem dann nicht, wenn ich allein zu Hause war. Die Hitzewallungen und die innere Unruhe drängten mich dazu, mich ablenken und beschäftigen zu müssen. Zudem gab es wenige Momente im Leben, die ich wirklich genießen konnte; ich sehnte mich nach Sicherheit und hielt an den Routinen fest, die mir in Form des Schul-Stundenplans oder des Restaurant-Arbeitsplans Halt gaben. Mir gefiel die Taktung und ich wusste, was zu welcher Zeit von mir verlangt wurde. Dadurch wurde ich zuverlässig, pünktlich und organisiert.

Meine eigene Geschichte: Die Hintergründe (Muster, Ahnenthemen ...)

Warum ziehen Menschen bestimmte Erlebnisse in ihr Leben? Was soll aufgezeigt, was möchte geheilt werden? Bestimmte Voraussetzungen führen dazu, dass diese Situationen geschehen; man ist *anfällig*, oft liegen die Ursachen sogar in der Ahnenlinie oder in anderen Prägungen und somit nicht im eigenen Verantwortungsbereich.

Ahnenthemen

Wie im zweiten Kapitel erwähnt, übernehmen wir Muster, Prägungen und ganze »Geschichten« von unseren Vorfahren. Es werden nicht nur die Augenfarbe und die physische Statur vererbt, sondern auch unverarbeitete emotionale Verletzungen, Glaubenssätze, ungeheilte Traumata sowie die Männer- und Frauenbilder. Auch ich habe einiges davon mitgenommen, was unter anderem die Wahrscheinlichkeit erhöhte, dass ich so etwas in mein Leben zog. Im Folgenden gehe ich auf die Zusammenhänge ein, damit ein Gesamtbild entstehen kann.

Ich stamme aus Polen. Meine Großmutter **mütterlicherseits** musste sich zur Zeit des Zweiten Weltkrieges prostituieren, um Geld zu verdienen und zu überleben. Auch meine Mutter wurde missbraucht; bei der Mutter meiner Großmutter wiederum war es normal, sexuell verfügbar zu sein, wenn der Mann es so wollte. Das Thema »sexuelle Fremdbestimmtheit« zieht sich also wie ein roter Faden durch meine Ahnenlinie.

Mein Vater und sein Vater konsumierten pornografische Inhalte und brachten den eigenen Ehefrauen wenig Wertschätzung entgegen. Die Mutter meiner Oma väterlicherseits hatte ihren ersten Mann durch Tod verloren und stand mit drei Kindern allein da. Sie musste den Wegfall der Vaterfigur kompensieren und unterdrückte ihre eigene Weiblichkeit. Meine Mutter verlor zudem ihren Vater, als sie zwei Jahre alt war, weil es in Polen zu Nachkriegsaufständen kam. Somit musste auch ihre Mutter, also meine Oma mütterlicherseits, das Männliche kompensieren und viel auf sich nehmen – ohne jegliche Unterstützung oder jemanden, der für sie da gewesen wäre. Die Weiblichkeit kam nicht zum Zug, hatte keinen Raum; und somit waren männliche und weibliche Anteile ungleich verteilt und nicht im Gleichgewicht.

All diese Dinge erfuhr ich jedoch erst während meiner Aufarbeitung, manches sogar erst hinterher. Ich weiß somit, dass ich mir diese Themen nicht eingebildet hatte, sondern sie zuerst in mir wahrnahm, ohne von außen beeinflusst zu sein. Bei mir persönlich zeigten sich Vorgeschichten und Muster, die die Folgen des Missbrauchs wahrscheinlicher machten. Ein Beispiel war, dass ich früh als Kind entwurzelt wurde. Im Alter von drei Jahren gaben mich meine Eltern nach der Geburt meiner Schwester zu den Großeltern nach Polen. Alles, was ich bis dahin »aufgebaut« hatte, war weg und ich sollte von Neuem anfangen. Nach mehreren Monaten kam ich dann zurück in die Schweiz; das Spiel ging von vorne los, wie bei einem Pingpongball ging es hin und her. Ich hatte über ein halbes Jahr keinen Kontakt zu meinen Eltern, was zu Instabilität, Vertrauensbruch und Verlustängsten führte – und dann sollte alles weitergehen wie vorher.

Mein Vater litt unter Alkoholsucht. Wir fühlten uns emotional miteinander verbunden, auch wenn sich aufgrund des Alkoholkonsums keine stabile Beziehung etablieren konnte. Meine Mutter plagten emotionale Ausbrüche und sie konnte ihre Liebe nicht richtig zeigen. Sie beide stritten sich viel und verloren meine Schwester aus dem Auge, auf die ich dann aufpassen musste. Das habe ich gern getan – im Nachhinein weiß ich jedoch, dass ich dadurch »zu schnell erwachsen« wurde.

Mein Vater arbeitete als Taxifahrer und kannte viele komische Leute, wie eben auch die aus dem Restaurant. Er ließ sich von meiner Mutter scheiden, als ich elf Jahre alt war. Stabilität konnte nicht zustande kommen. Zudem hatte ich eine schutzlose Kindheit und Jugend, obwohl meine beiden Eltern gelebt haben. Emotional waren sie nicht präsent. Ich vergnügte mich in Discos, wo meine Mutter zwar dabei war, aber nicht darauf achtete, mit wem ich verkehrte. Bereits ab meinem 13. Lebensjahr arbeitete ich für insgesamt acht Jahre in unterschiedlichen Restaurants. Ich war generell frühreif und wirkte damals schon wie 18 oder 19 Jahre.

Alles in allem bekam ich zu wenig Aufmerksamkeit und verbrachte zu wenig gemeinsame positive Zeit mit meiner Familie. Dies führte zu Angst vor Verurteilung und Zurückweisung generell. Ich fühlte mich allein, auch weil ich mich nicht traute, meinen Eltern vom Missbrauch zu erzählen; es entwickelte sich ein Schamgefühl, das lange Zeit eine große Rolle spielte.

Heilung

Der erste Schritt zur Heilung ist zu befinden, dass man geheilt werden möchte – und zu erkennen, dass es möglich ist, sich aus dem Leid der Verletzungen der Vergangenheit zu befreien. Danach empfiehlt es sich, mit guten Freunden oder dem Partner über den Themenkomplex zu sprechen – ein solches Gespräch kann sehr heilend sein! Zudem ist es der eigenen Heilung dienlich, gehört zu werden, statt alles in sich hineinzufressen. Oft hilft auch ein Gespräch mit den Eltern, wenn das möglich ist; in meinem Fall war es das nicht, mein Vater wusste bis zu seinem Tod nicht, was passiert war, und meine Mutter weiß es bis heute nicht.

Im nächsten Schritt wollte ich den Stress aus dem Körper fließen lassen.

In den Momenten, in denen wir so etwas erleben, wird der Stress regelrecht *gespeichert* und wir werden immer wieder an dieses Ereignis erinnert. Es empfiehlt sich, Techniken anzuwenden, die den Stress aus dem Körper abfließen lassen. Autogenes Training kann helfen, EFT (Emotional Freedom Techniques) oder schamanische Anwendungen. Die Methode, also das *Wie*, ist zweitrangig; entscheidend ist das *Ob*. Das Wichtigste ist, dass die Methode zu dir passt und dir hilft. Mir halfen sie allesamt: Autogenes Training ließ mich im Alltag mehr zur Ruhe kommen, dank EFT konnte ich mich in »Trigger-Momenten« schneller beruhigen und aus der Machtlosigkeit emporschreiten. Zudem half mir EFT beim Lösen von gestautem Stress und beim Umschreiben negativer Glaubenssätze. Durch viele unterschiedliche schamanische Anwendungen konnten meine Überspannung und der dauerhaft zu hohe Adrenalinspiegel neutralisiert werden und ich kam mehr und mehr in eine innere Ruhe und Entspannung.

Es ist essenziell, sich selbst zu vergeben und zu erkennen, dass man selbst keine Schuld trägt. Generell empfehle ich, die Schuldfrage auszuklammern und gehen zu lassen; im Schulddenken muss es zwangsweise Täter und Opfer geben und man ist beschäftigt damit, über die Kategorien und Anteile der Schuld nachzudenken. Je nach Ausgangslage spaziert man auf direktem Wege in die Ohnmacht und Abhängigkeit; das muss nicht sein. Lässt man die Schuld los, wandelt das Wort in *Verantwortung* um und fragt sich: »Was wollte mir die Situation aufzeigen?« und »Was kann ich *jetzt* tun, damit ich in Zukunft positive Ereignisse in mein Leben ziehe?«, führt das auf direkterem Wege zu Heilung.

Stehe zu dem, was dir widerfahren ist. »Es ist passiert, es ist nicht schön, aber ich stehe dazu und löse das Thema nun auf.« Das korreliert auch mit der Arbeit an Glaubenssätzen; ein »Wenn eine Frau so ist, passiert ihr jenes« oder Glaubenssätze wie: »Alle Männer sind *so-und-so*« mindern die Lebensqualität und stehen einem erfüllten Leben im Weg. Auch hier darfst du energetische Techniken verwenden, EFT, Meditationen, Energiearbeit – erkenne und hinterfrage die festgefahrenen Denkstrukturen. Es ist wichtig, die Glaubenssätze, die durch das Ereignis der Verletzung der Weiblichkeit entstanden sind, zu erkennen und zu lösen. Zudem solltest du die Glaubenssätze und Überzeugungen transformieren, die vor diesem Ereignis existierten; oftmals werden durch solche Glaubenssätze Situationen eher angezogen. Wenn wir jedoch unser Inneres heilen und mehr zu unserem wahren Selbst werden, befinden wir uns so sehr in unserer Kraft und Klarheit, dass solche Dinge kaum in unser Leben gezogen werden können.

Für meine Heilung war auch die generelle Energiearbeit sehr wichtig. Ich holte nicht nur meine Seelenanteile zurück, sondern gleich meine ganze Energie. In dem Moment, in dem du ein Trauma erleidest, bleiben viele Anteile der eigenen Energie »in der Situation gefangen«, die auch die berüchtigten

Flashbacks hervorruft. Betroffene erleben die Situation immer und immer wieder – und es ist wichtig, sich die eigene Energie und die unterdrückten beziehungsweise verlorenen Seelenanteile zurückzuholen. Hierfür gibt es schamanische Techniken – und später in diesem Buch gebe ich dir einige davon mit auf den Weg, die sich gut eignen.

Es war unglaublich, wie viele Seelenanteile ich durch diese Ereignisse verloren hatte, wie viele Anteile von meinem wahren Selbst ich einfach nicht mehr lebte ... Das merkt man oft erst, wenn man sich auf die Heilung einlässt und in die Tiefe der eigenen Seele taucht. Zudem habe ich gemerkt, dass ich im Verlauf der Aufarbeitung immer mehr Energie hatte. Ich wurde immer fitter, präsenter und hatte viel mehr Konzentration und Energie für meine Projekte im Alltag.

Ein anderer wichtiger Punkt ist es, den Selbstwert wieder aufzubauen. Auch die Sicherheit, die innere Sicherheit, sich also wieder *sicher fühlen* zu können – auch hier halfen Techniken aus der Energiearbeit, die mich bei der Beruhigung des Kopfkinos unterstützten und dabei, meine Ängste zu transformieren und Chakren zu stärken. Mir war es wichtig, die Sicherheit nicht nur im Kopf zu *denken*, sondern vor allem auch im Inneren zu fühlen, sodass ich fest in mir verankert war.

Außerdem war es essenziell, die *toxische* Verbindung zu Männern zu lösen, sich also nicht mehr in einer emotionalen

Abhängigkeit von ihnen zu befinden. Emotional abhängig sind wir nicht nur als Kind von den Eltern, indem wir ihre Liebe und Fürsorge unbedingt brauchen; emotionale Abhängigkeit entsteht auch, wenn wir in einem »Täter-Opfer«-Verhältnis sind und ständig in die Verurteilung dieser Person gehen und uns dadurch schlecht fühlen. Um diese Abhängigkeit zu lösen, gibt es unzählige energetisch effiziente Methoden. Der erste Schritt zur Heilung ist wieder das Erkennen.

In meinem Fall war es wichtig, den *Ekel* auf energetischer Ebene loszulassen, den Bezug zur Sexualität zu betrachten und zu transformieren, sodass ich eine gesunde Sexualität leben konnte.

Kontrovers diskutiert wird der Punkt der Vergebung. Für mich war es wichtig, den Männern auf höherer Ebene zu vergeben. In dem Augenblick, in dem ich vergebe, befreie ich mich von den Ketten und Zwängen der Vergangenheit. Vergebe ich nicht, behalte ich die Wut und die negativen Gedanken und die Verurteilung in mir und werde nicht frei. Die Männer müssen sowieso ihr Karma auflösen und aufarbeiten und damit umgehen, dass sie so etwas getan haben – es ist ihre Geschichte, an der ich keinen Anteil mehr habe. Ich darf mich auch auf mich besinnen und tun, was mir guttut – und vergeben gehört irgendwann dazu. Anfangs war ich definitiv noch im »Schuldbewusstsein« und habe mir Gedanken gemacht, wie schlecht diese Männer doch sind, dass ich das perfekte Opfer war, und ich habe zudem auch innerlich teilweise meinen Eltern die Schuld gegeben, weil sie sich nicht um mich gekümmert hatten. Als ich anfing, dies loszulassen und neutral zu betrachten, wer sich wie verhalten hatte, fühlte es sich schon anders an.

Später vergab ich meinen Eltern, weil sie es einfach nicht besser wussten. Ich vergab den Männern für das, was sie getan hatten, und – wichtig – ich vergab *mir selbst* dafür, dass ich nicht stark genug gewesen war, mich zu wehren und früher die Reißleine zu ziehen. Allen Beteiligten zu vergeben, ist einer der essenziellsten Schritte auf dem Weg der Heilung.

Eine Vogelperspektive einzunehmen ist ebenfalls essenziell, damit Muster erkannt und aufgearbeitet werden können, zum Beispiel beim männlich/weiblich-Ungleichgewicht. In meinem Fall waren das nicht nur die Missbrauchsgeschichte, sondern auch Kindheitsdinge oder der Blick auf die Ahnenlinie und Energien, die die Heilung unterstützten. Unter anderem die Themen aus meiner Vergangenheit, das, was meiner Mutter und meiner Oma geschehen ist, habe ich bei mir gelöst. Ich habe viel Heilung in die Ahnenlinie fließen lassen, mein eigenes Männer- und Frauenbild hinterfragt. Ich kam zu Selbstvertrauen und Selbstliebe und konnte in mir meine natürliche Weiblichkeit wiederentdecken.

Das »Sahnehäubchen« war die Visualisierung meiner neuen Realität: Wie darf »er« sein? Der Traumpartner, dem ich Treue, Liebe und Respekt entgegenbringen möchte, mit dem ich gemeinsam lebe und viele Erfahrungen mache?

Es klingt nach viel Arbeit, aber das ist nur deshalb so, weil ich es hier gebündelt niederschreibe. Wenn du selbst in den Schuhen steckst und deine persönliche Reise durchläufst, kommst du in den Fluss und die Schritte jeweils zur richtigen Zeit.

Wie schnell du etwas lösen kannst, hängt von der Schwere des Traumas ab. Einmalige Missbräuche lassen sich oft innerhalb weniger Stunden lösen, längere Geschichten, in denen die Ahnenthemen beleuchtet werden, benötigen mehrere Tage bis Wochen. Ich empfehle die energetische Zusammenarbeit mit einer Person, die sich auskennt und aus dem Herzen heraus arbeitet.

Energiearbeit ist schnell, effizient und tiefgründig. Ich möchte allen Frauen Mut machen, ihre Themen aufzulösen, denn im Anschluss kannst du so leben, als wäre das nie passiert. Und noch mehr: Du kommst mehr in deine eigene weibliche Urkraft und bist auf tieferer Ebene mit dir verbunden.

Dazu abschließend: 2017 lief ich durch die Stadt in Richtung des Fitnessstudios. Über Kopfhörer hörte ich Musik und fühlte mich entspannt. In der Menschenmenge nahm ich einen Mann wahr, der auf mich zulief, und den ich irgendwo schon einmal gesehen hatte. »Woher kenne ich den nur?«, murmelte ich gedanklich vor mich hin. Vielleicht von der Uni? Aus dem Fitnessstudio? Oder war es ein Bekannter von Freunden aus meinem neuen Freundeskreis?

Erst Minuten später durchfuhr es mich – es war einer der Männer, die mich damals missbraucht hatten. Ich blieb jedoch seelenruhig. Keine Angst, kein Gram, keine Anspannung. Eine befriedigende Neutralität umwehte mich, die mir bis heute als Beweis dafür dient, dass man alle diese negativen Perioden tiefgreifend überwinden und heilen kann.

Erfahrungsberichte anderer Frauen

Zu Beginn dieses Kapitels habe ich dir von meiner Geschichte erzählt. Du hast gesehen, wie essenziell es ist, nicht nur das Erlebte zu heilen und zu transformieren, sondern auch die dahinterliegenden Wurzeln zu beleuchten. Es gibt immer Gründe, die die Wahrscheinlichkeit erhöhen, Schicksalspfade zu beschreiten – und wenn wir uns im Heilungsprozess nur auf die konkrete Situation fokussieren und andere Aspekte außer Acht lassen, laufen wir Gefahr, diese Situationen nicht vollständig zu transformieren und das Erlebte geradezu zu reproduzieren.

Geschichten können auf Ahnenthemen aufbauen, auf dem Frauenbild, dem Männerbild – und nicht selten ist alles miteinander verwoben. Energien und Emotionen sind im Körper gespeichert, emotionale Verletzungen, aber auch Glaubenssätze. Wie an meiner Geschichte zu erkennen ist, war es wichtig, auf sämtlichen Ebenen zu heilen – und das empfehle ich auch jeder Person: alle Ebenen aufarbeiten und dafür sorgen, dass es wirklich gelöst und geheilt ist, sodass du als Frau die Möglichkeit hast, wieder vollständig aufzublühen.

Im Folgenden erzähle ich drei weitere Geschichten von Frauen, deren Weiblichkeit verletzt wurde, von der Verletzung bis zur Heilung. Allesamt Frauen, mit denen ich arbeiten und die ich auf ihrer Heilungsreise begleiten durfte. Bei einigen Frauen konnten wir sämtliche zusammenhängenden Ahnenthemen, Muster und Glaubenssätze lösen; andere haben bereits vor dem kompletten Auflösen das Gefühl gehabt, es wäre jetzt gut, und sie haben sich dazu entschieden, ihren Weg anders fortzuführen. Niemand ist gleich, jede ist anders – und es ist in Ordnung, die Reise an bestimmten Punkten auf anderen Wegen fortzusetzen. Ich werde das in den folgenden Erzählungen entsprechend kennzeichnen.

Ich gehe hierfür zunächst in die Geschichte hinein, beschreibe das, was passiert ist, betrachte die Auswirkungen und gehe dann in die Heilung und Zukunftsperspektive.

Vom familiären Vertrauensbruch bis zur selbstbewussten Frau

Was war geschehen? Die Geschichte

In dieser Geschichte geht es um eine Frau, die, als sie 14 Jahre alt war, mit ihrem drei Jahre älteren Bruder allein zu Hause war. Beide fühlten sich aus unterschiedlichen Gründen traurig; sie, weil ihr Schwarm ihr Interesse nicht erwiderte, und er, weil er sich mit seiner Freundin gestritten hatte.

Gemeinsam beschloss das Geschwisterpaar, sich die Situation schön zu trinken und nahm diverse alkoholische Getränke zu sich. Im Laufe des Abends begann der Bruder damit, sexuelle Handlungen an seiner Schwester vorzunehmen – und sie ließ es geschehen. Betäubt durch den Alkohol und mit der Situation überfordert, widersetzte sie sich zwar leicht (»Hey, was machst du da?«), war aber zu verunsichert, als dass sie sich vollends gegen ihn hätte wehren können. Es kam zum Geschlechtsakt, nach dessen Verlauf sie sich miserabel fühlte. Zum Glück blieb es bei diesem einen Mal; die Geschwister haben nie wieder darüber geredet und auch sie hat sich über Jahre hinweg niemandem anvertraut, zu groß waren ihre Schuld- und Schamgefühle. Trotzdem trug sie dieses Erlebnis über Jahre hinweg mit sich und litt unter den Folgen.

Im Alter von circa 20 Jahren war sie bei einer Psychologin und erzählte ihr diese Geschichte, doch diese nahm ihr Leiden offenbar nicht ernst und sie befassten sich nicht weiter damit. Ein paar Jahre später kam sie zu mir.

Wir arbeiteten zunächst zwei bis drei Monate an anderen Themen, damit sie sich »finden« und in die Ruhe gelangen konnte. Ich spürte aufgrund ihres Verhaltens, ihrer Körpersprache und ihrer Stimmlage in gewissen Momenten, dass da mehr dahintersteckte. Jedoch empfand ich es als essenziell, sie zuerst zu stabilisieren und ihr einige Coping-Strategien mitzugeben, sodass sie bereit war, die eigentliche Geschichte aufzuarbeiten. Als es sich für sie richtig anfühlte, erzählte sie mir dann die Geschichte von dem Vorfall. Wir begannen umgehend mit der Aufarbeitung.

Was folgte aus dem Erlebten?
Die Auswirkungen

Das Erlebnis war traumatisch und hat auf körperlicher Ebene viel Stress produziert und Emotionen stauen lassen. Die Klientin erzählte mir, sie spürte eine innere Unruhe und war permanent in »Alarmbereitschaft«, weil sie niemandem grundehrlich vertrauen konnte und missbräuchliches Verhalten immer wieder hätte passieren können.

Das Bild, das sie von Männern hatte, war angeknackst, da sie Männern pauschal unterstellte, nur auf »das Eine« aus zu sein und nicht treu bleiben zu können. Sie nahm an, dass Männer vornehmlich auf Sexuelles reagierten und Frauen bevorzugten, die sich besonders offen zeigten. Es prägte sich der

Glaubenssatz »Männern kann man nicht vertrauen« tief in ihr ein, was zu komplizierten Liebesbeziehungen führte. Sie hatte ständig Angst, ihren Freund zu verlieren, litt unter Bindungs- sowie unter Verlustangst und konnte sich nicht auf jemanden einlassen, weil sie sich fürchtete, erneut verletzt zu werden. Sie opferte sich auf, um Männern zu gefallen und rutschte zwischen Verlustangst, Bindungsangst und Aufopferung hin und her. In allen drei Fällen war sie jedoch nicht in ihrer Mitte und ihrer wahren Weiblichkeit.

Natürlich gab es auch Auswirkungen hinsichtlich ihres Innenlebens: Das Vertrauen war weg, wortwörtlich missbraucht, weil die Tat von einem Familienmitglied begangen worden war. Meine Klientin nahm die Welt fortan so wahr, dass es sexuell keine Grenzen gibt, sondern dass sie sich hinzugeben habe, wann immer der Mann es verlangt.

Das beeinflusste auch ihr Sexualverhalten: Als Single war sie offen für kurzfristige Bindungen, in einer Beziehung fühlte sie sich entweder nicht wahrgenommen oder auf ihre Sexualität reduziert – beides dieselbe Münze (subjektiv empfundene Geringschätzung), nur von zwei unterschiedlichen Seiten.

Wie kam es dazu?
Die Hintergründe (Muster, Ahnenthemen und Vorgeschichten)

Wie eingangs erwähnt, sollten Themen mitsamt ihren Wurzeln gelöst werden, weshalb wir uns ihre Vorgeschichte anschauten und Muster erkannten. Sie erzählte mir, dass ihre Eltern eine besondere Form der Sexualität auslebten: Wann immer der Vater wollte, hatte die Mutter zu parieren. Die Mutter opferte sich auf und gab kein gutes Vorbild ab.

In dem Moment, als der Bruder sie anfasste, konnte sie jedoch nicht anders, weil sie es von ihrer Mutter wiederum nicht anders gelernt hatte; wir stießen hier also auf ein Ahnenthema. Ihrer

Mutter ist ein Missbrauch widerfahren und deren Mutter ebenfalls. Das Thema gehörte also in gewisser Weise zur Familie. Es ging auch darum, dass die Frauen für das Sexuelle »zuständig« und dem Mann untergeordnet waren. Die Männer, also der Vater meiner Klientin wie auch dessen Vater und Großvater, flirteten trotz Ehe oft mit anderen Frauen oder schauten sich spezielle Videos an. Außerdem, so arbeiteten wir in mehreren Sitzungen heraus, hatte sich diese patriarchal anmutende Struktur auf eine Weise in die Familie eingebrannt, in der Vater und Bruder meiner Klientin ständig Kommentare und Sprüche abgaben, die Frauen niedrig stellten und eine regelrechte Unterwerfung forderten. Es gab keinerlei emotionale Stabilität in der Familie, keinen Schutz.

Was wird sein? Die Heilung

Wir arbeiteten in insgesamt drei Sitzungen an dieser Geschichte. Die Vorgehensweise ähnelt sich in allen Geschichten – du wirst die Muster stets wiedererkennen.

In der ersten Sitzung erzählte sie mir die komplette Geschichte, mit allen Emotionen und Gefühlen, die dabei hochkamen. Hier ging es noch nicht darum, das »Besteck anzusetzen«, sondern einfach nur zuzuhören, alles rauszulassen und mit jemandem zu sprechen, der empathisch ist und auf präsente Weise für sie da war. Im Anschluss ging es ihr schon viel besser, vor allem deshalb, weil es niemanden gab, der sie verurteilte; das war eine ihrer großen Ängste, die in Schamgefühlen resultierte.

In der zweiten Sitzung arbeiteten wir tiefer mit ihrem Körper. Mithilfe energetischer Übungen konnten wir den Stress aus ihrem Körper bringen. Sie befand sich seit Jahren in »Alarmbereitschaft« – diese Überspannung ließen wir abfließen und gingen zudem in ihre Emotionen, um diese »durchzufühlen«. Zu Beginn der Sequenz war sie traurig wegen des Jungen, der sie nicht wollte; dann stießen wir auf den Vertrauensverlust durch die Tat ihres Bruders. In der Situation hatte sie nicht die Möglichkeit, »Nein« zu sagen, gerade deshalb nicht, weil sie das Geschehenlassen durch ihre Mutter vorgelebt bekam. Eins zu eins durchschritten wir ihre Emotionen und sie erkannte, dass es um den Missbrauch von Vertrauen ging.

Schlussendlich ließen wir alle Emotionen los und holten ihre Seelenanteile zurück, vor allem wurde auch das Vertrauen wieder integriert. Auf mentaler Ebene ließen wir alte Glaubenssätze wie »Alle Männer sind *so-und-so*«, »Du kannst niemandem vertrauen«, »Pass lieber auf« oder »Wir Frauen haben zu gehorchen« gehen.

In der dritten Sitzung ging es um die Verfeinerung. Wir wollten vergeben, sodass sie dem Bruder einerseits vergeben konnte, aber auch andererseits jene um Vergebung bitten konnte, die irgendeine Schuld bei ihr gesehen hätten. Es ist üblich, beide Richtungen zu behandeln, um alle Eventualitäten im Blick zu haben und Konflikte gegebenenfalls aufzulösen.

Dann arbeiteten wir an ihrem Selbstvertrauen, bauten ihren weiblichen Selbstwert wieder auf, allem voran in Bezug auf Männer und in Verbindung mit ihrer Sexualität.

Zum Schluss, ein paar Wochen nach dieser letzten Sitzung, trafen wir uns erneut, um ihre Ahnenthemen aufzuarbeiten. Sie hatte erfolgreich daran gearbeitet und hat nun wieder mehr Vertrauen in sich selbst und in ihre Beziehungen. Mein letzter Stand ist, dass sie glücklich mit ihrem jetzigen Partner zusammenlebt und ein Kind von ihm erwartet.

Von der Todesangst bis zur Entfaltung des eigenen Selbst

Was war geschehen? Die Geschichte

Im Alter von 23 Jahren machte sich eine junge Frau auf, die Welt zu bereisen. Sie wollte Länder besichtigen, Kulturen kennenlernen und sich für ihren damaligen Hochschulabschluss belohnen. Ihr Trip war als Selbstfindungserfahrung angelegt.

Eines Abends saß sie gemütlich an einem Strand in der Karibik und genoss die Meeresenergie, als plötzlich ein Mann auf sie zukam. »Eine komische Gestalt«, schilderte sie mir, »von der eine beunruhigende Energie ausging.« Sofort hatte meine Klientin ein ungutes Gefühl, was sich bestätigte, da er nach wenigen Sekunden des Gespräches handgreiflich wurde und sie schlussendlich missbrauchte.

Sie erzählte mir, dass sie inmitten dieses Erlebnisses eine Todesangst durchlitten und sich machtlos gefühlt habe. Ausgeliefert lag sie da und war froh, als er nach vielen Minuten von ihr abließ und ihr nicht noch zusätzlichen körperlichen Schaden zufügte. Das Geschehene konnte sie nur schwer verarbeiten und sie war für den Verbleib ihres Trips stark traumatisiert, auch wenn es »nur« ein einmaliges Erlebnis war.

Erst über 30 Jahre (!) später, als sie Mitte 50 war, suchte sie mich auf, nachdem sie mehrere Therapien und Methoden probiert hatte; die Geschichte wollte sich einfach nicht auflösen lassen.

Was folgte aus dem Erlebten? Die Auswirkungen

Die physischen Auswirkungen bestanden aus einer breiten Anspannung, die darin resultierte, dass sie sich nirgends richtig sicher fühlte, auch nicht in den Armen ihrer Partner. Zudem litt sie unter starken Kopfschmerzen, die man auf psychologischer Ebene damit erklären kann, dass sie als Bewältigungsstrategie in ihren Kopf flüchtete. Zudem mündeten Schmerzen während des Geschlechtsaktes in einer Blasenentzündung: Das Misstrauen und das unsichere Gefühl verschafften sich auf der körperlichen Ebene Ausdruck.

Nicht nur körperlich verlief ihr Leben suboptimal. Sie führte zwar längere Beziehungen, in denen sie jedoch nicht komplett für sich einstand und oft das Gefühl hatte, sich selbst hintanzustellen.

Wie kam es dazu? Die Hintergründe
(Muster, Ahnenthemen und Vorgeschichten)

Soweit wir das herausarbeiten konnten, gab es keinerlei Missbrauchsvorgeschichte in ihrer Familie. Ihr Vater war jedoch von einem Alkoholproblem betroffen und gab seiner Tochter, also meiner Klientin, nicht die nötige Aufmerksamkeit, die sie gebraucht hätte, um sich geliebt und wertgeschätzt zu fühlen. Wenn ihr Vater beschwipst oder gar betrunken zu Hause war, fühlte sie sich hilf- und machtlos, als wären alle ihre Bedürfnisse nichts wert – exakt das, was sie später auch in ihren Beziehungen erfuhr und dort gespiegelt bekam.

Der erste Mann im Leben einer Frau ist oft wegweisend, in den meisten Fällen ist das der Vater. Die herrschenden Energien können auf andere Situationen übertragen werden oder zu einem Bestandteil führen, der das Anziehen ähnlicher Lebenssituationen erleichtert.

Die Klientin war es aus Kindestagen gewohnt, ihre Emotionen und Bedürfnisse wegzudrücken und zu glauben, diese wären es nicht wert, gehört und gesehen zu werden; lieber brav anpassen und kuschen. Dadurch war sie weniger verbunden mit sich selbst und wollte ihre Emotionen nicht fühlen. Diese Elemente haben wir in den Sitzungen schrittweise herausgearbeitet und aufgelöst.

Was wird sein? Die Heilung

Im Laufe unserer Arbeit ging es zunächst nicht um den Missbrauch, sondern um andere Themen, wie die emotionale Verbundenheit mit sich selbst, ihrem inneren Kind. Das Ziel war mehr innere Stabilität und Sicherheit. Nach drei oder vier Sitzungen gelangten wir an den Kern, das Trauma ihrer Reise damals. Die Klientin wollte es erst nicht wahrhaben, weil sie davon ausging, dass sich das Thema »irgendwie von selbst« gelöst hätte – aber nein, da war noch etwas – und es war gut, dass wir darauf gestoßen sind.

Auch hier durchliefen wir in der ersten Sitzung zu diesem Thema erst die Geschichte, sie hatte alles »rausgelassen« und ich war für sie da, begegnete ihr mit viel Empathie und ohne sie oder den Mann zu verurteilen, allein das tat ihr gut.

Anschließend ließen wir den Stress aus ihrem Körper abfließen und brachten die überschüssige Energie vom Kopf in den Körper. Sie fühlte sich dadurch geerdet und »angekommen«. Wir holten ihre Seelenanteile zurück und wollten in die Vergebung gehen, die sie allerdings erst bei der nächsten Sitzung zulassen konnte, jede hat da ihr eigenes Tempo.

Mit der Zeit kam die Klientin immer mehr in ihre Stabilität. Zum Abschluss arbeiteten wir noch am Sakral-Chakra, holten die fremde Energie des Mannes aus ihr heraus und lösten die in ihr verbliebenen toxischen Verbindungen. Auch die Verurteilung, die Wut, den Hass – das alles schauten wir an und ließen es durchfließen.

Schlussendlich konnte sie ihm vergeben – und ihn um Vergebung bitten, falls irgendetwas war, in diesem oder einem vorherigen Leben. Es ist wichtig, dass sich alle Seiten vergeben, auch, dass sie sich selbst vergibt, denn sie hatte sich im Laufe der Jahre selbst verurteilt, weil sie derart lange an dieser Geschichte »knabberte« und diese bisher nicht auflösen konnte.

Außerdem arbeiteten wir auch noch an ihrer Blase, damit sie auch hier loslassen konnte. Die Blase steht symbolisch für das Loslassen, und daran anknüpfend konnten sich sämtliche ihrer Energien ausgleichen.

Was waren die Resultate?

Sie hatte weniger häufig Kopfschmerzen und auch über ihre Blasenentzündung sprach sie kaum noch. Außerdem, so berichtete sie mir, unterzog sie sich einem kinesiologischen Körpertest, um ihre aktuelle Energie zu prüfen. Der Test bestätigte, dass sie das traumatische Erlebnis verarbeitet hatte.

Deshalb war sie überglücklich! Sie war stolz auf sich und wir konnten ihren Erfolg ein wenig feiern. Heute steht sie viel mehr in ihrer Kraft, ist beruflich selbstständig und geht ihren eigenen Weg, statt die Sicherheit im Außen zu suchen.

Von der Übernahme der Verletzlich-keit der Ahnen bis zum Aufblühen der Weiblichkeit

Was war geschehen? Die Geschichte

In der Geschichte dieser jungen Frau gab es kein singuläres und sie persönlich betreffendes Erlebnis, sondern einen Komplex, der sich vor allem in ihren Ahnen abspielte.

Sie kam mit dem Thema zu mir, dass sie mit ihrem Freund, den sie über alles liebte und den sie heiraten wollte, keine sexuellen Handlungen durchführen konnte; es ging einfach nicht, sie fühlte sich blockiert und verschlossen. Er wollte zwar – aber sie *konnte* nicht.

Sie wollte sich dem Thema ursprünglich nicht annehmen, aber ihr Freund wünschte sich genau das, weil er sagte, Sexualität sei für ihn ein wesentlicher Bestandteil einer Beziehung. »Für mich ja eigentlich auch«, berichtete sie mir – und so machten wir uns auf die Suche.

Ihre sexuelle Historie entsprach eher dem Gegenteil der aktuellen Situation. Sie himmelte Männer früher an, wollte sexuell attraktiv sein und hatte ein ausuferndes, wildes Sexleben. Mit dem Herzen war sie jedoch nie vollends dabei; auch dann, wenn sie Beziehungen hatte, flachte die Intensität schnell ab.

Auch in der aktuellen Beziehung lief anfangs alles wie am Schnürchen, bis ihr Verlangen schrittweise weniger wurde. Sie konnte sich diese Dynamik nicht erklären.

Was folgte aus dem Erlebten? Die Auswirkungen

Ihre Ahnenthemen erwirkten eine sexuelle Blockade in Bezug auf denjenigen, den sie liebte und auf den sie sich einlassen wollte. Zudem fiel es ihr schwer, emotional in Verbindung mit jemandem zu bleiben, sowohl in Freundschaften als auch mit ihrem Partner. Bei Konflikten oder Streit zog sie schnell die »Reißleine« und wollte den Kontakt abbrechen, ohne Chance auf Klärung oder Versöhnung.

Ein derart krasses »Abbrecher-Verhalten« beobachten wir häufig bei Menschen, die keine sichere Bindung zu ihrer Mutter oder ihrem Vater aufbauen konnten, oder natürlich auch, wenn man es von den Ahnen geerbt hat. Das erschwert den Aufbau einer stabilen Beziehung.

Wie kam es dazu? Die Hintergründe (Muster, Ahnenthemen und Vorgeschichten)

Ich arbeitete mit dieser Frau und am Anfang analysierten wir ihre früheren wenig erfüllenden Beziehungen. Sie hatte ihr Glück immer im Außen gesucht und nie wirklich bei sich. Zudem konnte ihre eigene Mutter sie nicht in den Arm nehmen, was besonders für kleine Kinder traumatisch sein kann. Sie hatte sie zwar gewickelt und gefüttert, aber allein dadurch konnte kaum eine emotionale Bindung entstehen. Im Prinzip wurde sie von ihrer Tante aufgezogen, was zwar manches auffangen konnte, aber nicht »das Gleiche« war wie die Liebe der eigenen leiblichen Mutter.

Das alles führte dazu, dass meine Klientin ihre Emotionen nicht wertschätzen konnte und sie zu unterdrücken versuchte – »bloß nicht fühlen!«

Wir fanden durch eine Hypnose heraus, dass es in ihrer Familie Fälle sexuellen Missbrauchs gegeben hatte und dass die Männer die Frauen in der Familie schlecht behandelten. Zudem waren die Frauen sexuell »untergeordnet« und es konnte keine stabile Verbindung aufgebaut werden. Durch Erzählungen ihrer eigenen Mutter fanden wir heraus, dass sogar Gewalt im Spiel war, bedingt durch Alkohol, der nicht zu knapp floss. Die Missbrauchs- und Gewaltverbindungen waren komplex verstrickt und bezogen ihre Großmutter und deren Mutter mit ein – all das sollte bei meiner Klientin gelöst werden, weil sie all das mit sich »herumschleppte«.

Was wird sein? Die Heilung

Im ersten Schritt arbeiteten wir an dem Zugang zu ihren Emotionen. Das löste bereits viel auf und trug dazu bei, dass ihre Lebensqualität stieg und sie nicht weiter versucht war, Kontakte sofort zu pausieren oder abzubrechen, sondern mit mehr Stabilität etwaigen Unstimmigkeiten begegnete und diese löste.

Sie kam endlich bei sich selbst an, was ein großer Schritt für sie war, der ihr mehr Stabilität verlieh. Die Ahnenthemen gingen wir mit Energiearbeit an, Rückholung ihrer Seelenanteile und Hypnose, sodass Schritt für Schritt eine gesunde Sexualität möglich wurde und sie sich immer mehr wertgeschätzt fühlte; sie wurde bereits geliebt, aber es war wichtig, ihre »Kanäle« hierfür zu öffnen.

Die Geschichten und den Weg der Heilung reflektieren

Jede der hier geteilten Geschichten ist einmalig und jede Frau hat es auf ihre eigene Weise erlebt. Die Auswirkungen sind von Frau zu Frau unterschiedlich – die einen werden hyperaktiv, die anderen nehmen die Opfer-Rolle ein. Gemein ist allen, dass auf mehreren Ebenen tiefe Wunden entstehen. Zudem sind meist auch schon in der Vergangenheit Muster oder familiäre Strukturen erkennbar, die derartige Schicksalsschläge wahrscheinlicher machen. Ich meine damit nicht, dass es vorprogrammierte »Opfer« gibt, sondern dass es im Außen einen Spiegel unserer Innenwelt gibt: das Gesetz der Resonanz. Solange es ungeheilten emotionalen Missbrauch oder Glaubenssätze darüber gibt, dass sich die Frauen unterzuordnen haben, wird es wahrscheinlicher, so etwas in der Zukunft zu erleben. Auch hier geht es darum, sich diese Glaubenssätzen und ungeheilten Emotionen bewusst zu machen, um diese zu transformieren und die eigene Weiblichkeit zu heilen und aufzublühen.

Auch die Aufarbeitung solcher Geschichten ist von Frau zu Frau unterschiedlich, jede Frau reagiert auf die einzelnen Methoden anders. Aus meiner Sicht ist das Wichtigste, die Geschichte auf allen Ebenen zu heilen – physisch, emotional, mental und spirituell, sodass nicht nur die Geschichte selbst, sondern alle damit zusammenhängenden Faktoren transformiert werden können. Wenn wir eine solche tiefgründige Transformation bei uns zulassen, heilen wir nicht nur uns selbst, sondern unterstützen unsere Ahnen und alle Frauen indirekt auch bei deren Heilung. Dies geschieht, weil unsere tiefgründige Heilung dieser Thematik sich auf das globale Energiefeld der Frauen, die so etwas erleben, auswirkt, und wir unseren Energieanteil daran transformieren. Auf diese Weise ist mehr geheilte, hochschwingende Energie im Feld und diese kann auf energetischer Ebene die Frauen und unsere Ahnen bei ihrer Heilung unterstützen.

Wenn das Ereignis verdrängt wurde

In den Geschichten, die in diesem Kapitel beschrieben wurden, hatten sich die Frauen an das Geschehene erinnert, was es einfacher machte, es zu bearbeiten und in die Heilung zu führen. Was kann man tun, wenn die Geschichte so sehr verdrängt wurde, dass kaum noch Erinnerungen bestehen? Oder wenn der Körper auf bestimmte Dinge reagiert, zum Beispiel ohne objektiven Grund zusammenzuckt, wenn der Partner intim wird – ohne den Grund zu kennen oder gar zu verstehen?

Auch hier gibt es Möglichkeiten, die Geschichte in die Heilung zu bringen. Eine solche Geschichte habe ich oben beschrieben: Bei dieser Frau waren es die Ahnenthemen, die gelöst werden wollten. Wir konnten diese mittels Hypnose ins Bewusstsein bringen und mit Energiearbeit behandeln. Wir holten die

Seelenanteile zurück und arbeiteten mit Techniken für Ahnenheilung. Das hat wunderbar funktioniert und geholfen.

In einem anderen Beispiel hatte eine 25-jährige Frau seit anderthalb Jahren das Gefühl, dass jemand ins Zimmer kommen und sie missbrauchen würde. Es gab jedoch keinen offensichtlichen Zusammenhang, in ihrer Kindheit ist ihr nichts Derartiges widerfahren und in der Ahnenreihe ist solch ein Ereignis ebenfalls nicht aufgetreten. Dies habe ich mit der jungen Frau analysiert, aber auch energetisch hineingefühlt, ob die Themen von dort kommen könnten. Durch sensitives und mediales Hineinfühlen und Wahrnehmen kann auch viel in Erfahrung gebracht werden. Wobei auch hier Vorsicht gilt und von vielen Fachpersonen empfohlen wird, dies zusätzlich mit einem kinesiologischen Körpertest zu überprüfen, eine »sensitive und mediale Zweitmeinung« einzuholen oder mittels Hypnose tiefer einzutauchen.

Bei der jungen Frau war es jedoch offensichtlich, dass irgendetwas passiert sein musste. Zusätzlich zu den Bildern, die sie regelmäßig hatte, konnte mit speziellen Messgeräten festgestellt werden, dass ihr Adrenalinspiegel ohne äußeren Anlass extrem hoch war. Der Körper erinnerte sich also an etwas, was ihr nicht rational bewusst war. Wir entschlossen uns zu einer Reinkarnationshypnose, mit der wir die Ursache ihrer aktuellen Situation in früheren Leben finden wollten. In dieser fanden wir heraus, dass sie in einem früheren Leben über mehrere Jahre gefangen gehalten und regelmäßig missbraucht worden war. Wir konnten auch in Erfahrung bringen, dass sie im Alter von 25 Jahren von ihrem Entführer umgebracht worden war, weil ihm die Polizei langsam auf die Schliche gekommen war. Wir transformierten diesen Schmerz, die Machtlosigkeit, die Verletzungen, den körperlichen Stress, holten aber auch die Seelenanteile zurück und führten ein tiefgründiges Vergebungsritual durch. Nach diesem Prozess, der nur zwei Sitzungen dauerte, hatte sie diese Bilder nicht mehr und der Adrenalinspiegel war auf ein normales Niveau gesunken. Der Prozess konnte nur so schnell gehen, weil sie sehr präsent war und während der Transformation die Emotionen und den körperlichen Stress gut zuließ.

Ein Trauma solcher Art ist tiefgründig und vollständig lösbar. Eine der Hauptvoraussetzungen dafür ist, dass wir geerdet und präsent sind und die Emotionen und Glaubenssätze hochkommen lassen. Es tut weh, dies nochmals durchzufühlen, jedoch kann es, wenn wir es wirklich zulassen und bewusst wahrnehmen, innerhalb weniger Minuten durchfließen – vor allem dann, wenn uns jemand mit Energiearbeit unterstützt.

Abschließende Worte
zu diesem Kapitel

Ich habe einige wahre Geschichten verletzter Weiblichkeit geteilt, die Hintergründe aufgezeigt und den Heilungsprozess erklärt. Jede Geschichte ist individuell und wird auf eine eigene Art erlebt. Meistens gibt es jedoch energetische Übungen, wie zum Beispiel das Vergebungsritual, die bei (fast) allen angewendet werden können. Ich möchte mit diesen Geschichten Mut machen und dich dazu inspirieren, deine eigene Weiblichkeit zu heilen und wieder vollständig aufzublühen – es lohnt sich!

Im nächsten Kapitel beschreibe ich Techniken, Tools und Methoden für den Heilungsprozess und zeige, was es zu beachten gilt, damit die Heilung wirklich tiefgründig geschehen kann.

KAPITEL 4

Aufarbeitung, Heilung und Ganzwerdung – Techniken und Methoden

Meine eigene Geschichte und zahlreiche Sitzungen mit Klientinnen haben mir gezeigt, dass wir alles lösen können, sofern wir nur bereit dazu sind und die für uns passenden Methoden gefunden haben. Wir alle haben danach das Gefühl, dass unsere Schicksalsschläge irgendwo noch abgespeichert sind, »da war mal was« – aber es ist wie weg, wir bleiben bei potenziellen Trigger-Ereignissen seelenruhig und haben die Emotionen vollständig auflösen können.

Auch ich darf von mir behaupten, dass ich mich über eine klare Vorher/Nachher-Entwicklung freue: Mir ging es früher extrem schlecht und die Ereignisse belasteten mich in meinem Alltag, in meinem Leben und meiner Beziehung. Heute weiß ich: Ich bin frei davon! Und deswegen weiß ich aus tiefstem Herzen: Man kann alles lösen.

Zu den Voraussetzungen gehören ein starker Wille und die für dich passende Methode.

Den Willen darfst du in dir selbst entwickeln. Kein Außenstehender kann ihn dir »einimpfen«, Appelle oder gar Druck wirken sogar kontraproduktiv. Sanftes Schieben kann helfen, aber nur in speziellen Kontexten: Manchmal braucht es einen ersten Anstoß oder jemanden, der dir die Wichtigkeit der Aufarbeitung zeigt. Du darfst für dich die Veränderungsnotwendigkeit erkennen, und bei dieser Erkenntnis ist es essenziell, dass sie von dir selbst kommt:»Ja, *ich will* und ich bin bereit, das Thema aufzuarbeiten und aufzulösen!«

Mein Part als Therapeutin ist, dich mithilfe meiner eigenen Geschichte und denen anderer Klientinnen zu motivieren und mit ins Boot zu holen. Ich kann dich dazu inspirieren, dass dein Wille aktiviert wird – die letztendliche Entscheidung liegt bei dir.

Es gibt eine Vielzahl an wunderbaren, effizienten und hilfreichen Methoden, die wirklich funktionieren. Wenn ich eine Methode bei jemandem anwende, habe ich sie vorher bei mir selbst ausprobiert; manche ausführlicher, manche weniger lang, aber ich setze nichts »auf gut Glück« um, was ich irgendwo in einem trockenen Lehrbuch aufgeschnappt habe.

All die Techniken und Methoden, die ich dir in diesem Kapitel vorstelle, habe ich sowohl an mir selbst als auch an zahlreichen Klientinnen angewandt, weshalb ich die Erfahrung mitbringe, die uns verrät, welche Methoden bei welcher Voraussetzung besser funktionieren und welche weniger gut.

Ein Beispiel: Es gibt Menschen, die weniger visuell veranlagt sind, sich also Sachverhalte nicht gut vor ihrem inneren Auge vorstellen können, denen ich natürlich eine Technik, die genau auf diese Eigenschaft anspringt, nicht empfehlen würde. Hier würde ich eher malen oder zeichnen lassen oder auf andere Weise mit dem Körper arbeiten.

Zunächst werden wir den Willen beleuchten, warum er wichtig ist und was es zu beachten gilt. Anschließend zeige ich dir die Strategien, mit denen wir Selbstsabotage betreiben und in unserer Komfortzone verbleiben. Im dritten Punkt sage ich dir, wie du »dranbleiben« kannst.

Im Hauptteil des Kapitels gebe ich dir Techniken und Methoden an die Hand und zeige dir anhand von Beispielen, wie du sie anwenden kannst und was mögliche Resultate sind.

Dein Wille

Deinen Willen kannst du als eine Art von Energie betrachten, die einer klaren Entscheidung folgt: »Ja, ich will, ich will da durch!«

Manchmal spüren wir, dass wir etwas verändern wollen, wissen aber nicht, wohin mit der Energie. In diesem Fall empfehle ich, in dich hineinzuspüren: Wie steht es um deinen Willen, deine Themen aufzuarbeiten? Oder möchtest du nur einen Teil aufarbeiten? Vielleicht geht es dir auch weniger um die Aufarbeitung deiner Themen, sondern lediglich darum, mit deinem Partner besser klarzukommen? Willst du tief eintauchen und es komplett mit allen Wurzeln lösen, sodass du dir im zweiten Schritt für deine Vorfahren Heilung bringen kannst?

In meiner Arbeit begegnen mir oft Klientinnen, die einen konstanten Willen haben, auch wenn sie müde sind oder vielleicht nicht sofort die Wirkung erzielen, die sie möchten. Es gibt aber auch Menschen, die diesen Willen zunächst ebenfalls aufbringen, aber nach drei Tagen in alte Muster zurückfallen und nicht vorwärtskommen.

Die Konstanz ist genauso wichtig wie der Fokus, die Absicht oder die Richtung, die wir einschlagen. Klar – es gibt Momente und Tage, an denen es sich schleppend anfühlt und man das Gefühl hat, es nicht zu schaffen. Aber nach einem Tal kommt wieder ein Berg, und es ist menschlich, sich einzugestehen, dass man gerade zweifelt. Die »alte Realität« kommt hoch, in der man sich gefangen und hilflos fühlt. Und dann ist die Frage: Wofür entscheiden wir uns? Wir können sagen: »Es gibt schlechte Tage, die zum Prozess gehören. Aber ich möchte es aufarbeiten und das ist der Weg dorthin. Es wäre ideal, wenn ich meinen Fokus halte.«

Viel zu häufig glauben wir die Geschichten, die uns unsere Emotionen erzählen und geben auf. Wir klagen: »Ich schaffe das nicht, schon wieder ein Stein im Weg, es soll nicht sein, ich bin für immer in diesem alten Zustand gefangen.« – Nein, so ist es nicht! Du bist der Meister deiner eigenen Energie, du hast dein Leben in der Hand. Und auch wenn das manchmal schwierig ist; es gibt gute Unterstützung. Tolle Menschen bieten dir ihre Unterstützung bei Themen an, die für dich wichtig sind. Essenziell ist aber, dass du Verantwortung übernimmst und sagst: »Ich mache einen Schritt nach dem anderen und gehe in die Richtung, die ich mir wünsche.«

Es ist die Konstanz, die du aufbringen darfst, und die richtige Richtung. Halte dir vor Augen, wo du *ankommen* möchtest; was ist dein Ziel? Möchtest du frei sein? Dein Herz öffnen können? Lieben können und deine Liebe aufrichtig leben? Möchtest du Sexualität genießen und dein Leben so leben, wie es dein Herz möchte, ohne den emotionalen Käfig, der dich bisher eingesperrt hat?

Taktiken, die uns nicht guttun (Selbstsabotage, Flucht etc.)

Der Wille hat uns bereits eine Taktik der Selbstsabotage nähergebracht, indem er *kommt und geht*, wie er es möchte. Tief im Inneren spüren wir, dass wir das Thema lösen und frei sein möchten – aber ein Teil in uns zweifelt und wir fallen in alte Muster. Auch wenn wir das nicht bewusst tun; wir sabotieren uns selbst und hindern uns am Weiterkommen, indem wir uns mit dieser schweren Energie beladen.

Viele sagen: »Ja, ich kann doch aber nichts dafür, das passiert halt einfach« – und ich entgegne: »Im ersten Moment fällst du vielleicht hinein – aber du hast in der Hand, ob du liegen bleibst und klagst oder ob du aufstehst und weitergehst. Es ist immer deine Entscheidung.« Solange du dich kleinhältst und nicht glauben möchtest, dass du vorwärtskommen kannst, ist es für mich eine weitere Selbstsabotage-Taktik, die mit dem Nicht-Weiterkommen zusammenhängt.

Eine weitere Art, sich selbst zu sabotieren, besteht darin, sich ständig abzulenken und mit anderen Dingen zu beschäftigen: ständig am Handy sein, außergewöhnlich viel Zeit mit Freunden oder anderen Aktivitäten verbringen oder, wenn es »ans Eingemachte« in der Aufarbeitung geht, müde zu werden und sich schlafen zu legen. Diese und andere Muster der Selbstsabotage beobachte ich täglich in der Arbeit mit Klientinnen. Während einer Sitzung habe ich die Möglichkeit, darauf einzugehen und dies gemeinsam mit der Person zu lösen, sofern sie es zulässt. Wenn das Selbstsabotage-Verhalten außerhalb meiner Praxis auftritt, kann ich ihnen nur Strategien geben, mit denen sie wieder auf Kurs kommen. Die Anwendung im richtigen Moment liegt in der Verantwortung eines jeden Einzelnen.

Im Folgenden gehe ich auf weitere Selbstsabotage-Taktiken ein, die von vielen angewendet werden, um sich nicht mit sich selbst und den eigenen (unangenehmen) Emotionen auseinandersetzen zu müssen. Die Folge ist, dass das Thema und die Blockaden nicht aufgearbeitet werden und wir nicht »vom Fleck kommen«.

Äußere Flucht

In meinem ersten Buch »Lass das Gestern nicht dein Heute bestimmen« geht es im zweiten Kapitel um die vier Wege, etwas nicht fühlen zu müssen. Einer dieser Wege ist die Flucht vor unseren Emotionen, vor unserem Schmerz. Wir flüchten uns in zu viel Arbeit, sagen, wir hätten so viel zu tun und keine Zeit für Aufarbeitung.

Oder aber, wir verlagern die Aufarbeitung in die Zukunft: »Im Urlaub werde ich mir das mal anschauen« – und wenn dann der Urlaub gekommen ist, wollen wir uns damit ebenso wenig befassen.

All diese Reflexe rühren aus der Angst und stellen eine äußere Flucht dar, wir flüchten in Aktivitäten, manchmal auch in Süchte wie Alkoholismus, wir »ertränken« hochkommende Emotionen.

Innere Flucht

Neben der *äußeren* gibt es auch eine *innere* Flucht, die ich bei vielen Frauen und Männern beobachtet habe. Wir spielen uns vor, dass wir alles im Griff hätten, und jedes Mal, wenn etwas Verletzliches hochkommt, spüren wir das zwar, sagen dann aber sofort: »Ich kann das, ich schaffe das, es geht weiter und es ist nicht so schlimm.« Damit befinden wir uns auf einer inneren Flucht, weil wir uns nicht im Außen ablenken, sondern der Emotion innerlich ausweichen und in eine andere Energie gehen, obwohl die Trauer oder die Verletzung noch nicht gelöst wurde. Andere »fliehen« wiederum in die Wut auf sich selbst, auf jemand anderen oder sind wütend über die Situation, anstatt die emotionale Verletzung bewusst wahrzunehmen. Die Fluchtenergie ist bei vielen vorhanden, damit sie den Schmerz nicht spüren müssen, was ein natürliches menschliches Verhalten ist. Aber genau darin liegt die Herausforderung, zu sagen: »Meine Heilung ist mir so wichtig und ich möchte frei sein, um meine Seelenessenz zu leben, und ich schaffe das, ich geh da jetzt durch!« Der erste Schritt ist, sich zu entscheiden und damit auseinanderzusetzen. Der zweite Schritt ist, sich bewusst auf die herausfordernden Emotionen einzulassen und sie in die Heilung zu bringen.

Unterdrücken

Eine andere aktive Methode, sich selbst nicht zu spüren, ist das Unterdrücken. Jedes Mal, wenn eine Emotion hochkommt, wird sie unterdrückt. Einige nehmen Medikamente oder nutzen andere Wirkstoffe, die sie unterdrücken. Oder wir tun so, als ob da nichts wäre. Oftmals spüren die Menschen nicht mal, was sie unterdrücken. Ich habe mit vielen Menschen zusammengearbeitet, bei denen ich es gespürt habe, dass sie etwas unterdrücken, sie hingegen haben nichts bewusst wahrgenommen. Ich bin feinfühlig und sensibel und spüre die meisten Menschen wirklich gut. Sie selbst haben gesagt:»Bei mir ist alles in Ordnung, die Geschichte löst bei mir nichts aus.« – aber sobald ich etwas tiefer gebohrt habe, flossen die Tränen und das Unterdrückte kam in Wellenform hochgespült. Auch hier darfst du dich fragen: Wem nutzt es, das»gute Bild« zu wahren und nicht ehrlich mit sich selbst zu sein? Dir selbst jedenfalls nicht.

Kleinreden

Das ist eine typische Taktik, die besonders in Bezug auf Kindheitserlebnisse angewandt wird.»Mir ist doch eigentlich nichts Schlimmes passiert … ja, der Missbrauch, aber das kann ja mal passieren, so schlimm war das gar nicht.« Doch! Definitiv ist es schlimm, auch wenn das ein Kind zwischen fünf und zehn Jahren noch nicht rational versteht. Auf emotionaler Ebene entstehen Verletzungen, die viele im Erwachsenenalter zu ihrem »Schutz« kleinreden.

Als Jugendlicher hatte das womöglich seine Berechtigung – wie sonst hätte man dieser Hölle entkommen können? Aber jetzt, als erwachsener Mensch, brauchen wir diesen Mechanismus nicht mehr. Wir dürfen dazu stehen, was uns geschehen ist – und es aufarbeiten wollen.

Etwas unterdrücken zu wollen, hat auch viel mit Kontrolle zu tun. Wir haben das Gefühl, wir müssen alles kontrollieren, alles müsse so-und-so laufen – daher kommt auch eine extreme Spannung, die sich auf körperlicher Ebene ausdrückt.

Ein Beispiel aus meiner Praxis: Ich arbeite mit einem Mann, der unter einem großen Krebstumor leidet. Wir fanden im Gespräch heraus, dass er über die Jahre viele Emotionen unterdrückt hat. Die angestaute Energie muss irgendwo hin, laut dem Energieerhaltungssatz können wir sie nicht einfach »runterschlucken« – und manchmal manifestiert sie sich dann im Körper.

Das ist nicht zwangsläufig eine monokausale Verbindung, zeigt aber, wohin das Unterdrücken und Kleinreden führen kann. Wir selbst haben es in der Hand, gestaute Emotionen ins Fließen zu bringen und die darin gespeicherte Energie in Lebensenergie umzuwandeln. Es geht nicht darum, ein Drama daraus zu machen oder Dinge schlimmer zu machen, als sie sind. Vielmehr dürfen wir uns bewusst den inneren Prozessen zuwenden und ihnen Raum geben.

Ignorieren und die Opfer-Rolle

Der Schmerz ist da und es tut auch weh – aber »das ist schon okay«. Wir wissen, dass es schlimm ist und dass wir eigentlich etwas tun sollten, aber wir ignorieren es. Beim Ignorieren sind die Emotionen immer ein bisschen präsent, wie ein kleiner Film oder wie ein Rauschen, das immer da ist. Wir sind uns dessen bewusst, aber wir ignorieren es und reden es uns schön.

Eine andere Methode ist die Opfer-Rolle, die uns und anderen die Energie raubt. Viele glauben, im Moment des Klagens würde man die Emotion durchleben, aber das ist nicht wahr. Du bist nicht bei dir, fällst aus der Mitte, bist nicht geerdet, spürst den Schmerz zu extrem, bist nicht in Kontakt mit deinem Kern. Du hast dich aufgegeben und sabotierst dich selbst und übernimmst keine Verantwortung für deine Lage.

Im Endeffekt geht es darum, dass wir, statt Selbstsabotage-Taktiken anzuwenden und zu flüchten, Verantwortung übernehmen und das, was uns blockiert, aufarbeiten dürfen.

Wie bleibst du dran?

Es gibt vielzählige Möglichkeiten und jede braucht ein bisschen was anderes.

Im Folgenden erzähle ich von mir und meinem Umfeld, um dir ein Beispiel zu geben. Mir persönlich war klar: Ich habe meine Vision und meinen Willen, einen starken Willen, der kein links und kein rechts zulässt. Mir war klar: Ich schaffe das, ich kann das und ich ziehe das durch, egal wie heftig es wird. Außerdem weiß ich, dass ich diesen Willen bewusst »einschalten« kann, und kenne mich so gut, dass ihn sonst niemand aktivieren kann, ich bin somit von außen wenig »beeinflussbar«.

Wenn ich selbst den Willen verspüre und um mich herum Menschen habe, die mir gut zureden und sagen, dass ich es schaffen werde, potenziert sich diese Willensenergie noch. Mir war klar: Jeder Schritt, den ich gemacht habe, war in diese Richtung. Und auch wenn ich mal viel aufgearbeitet habe, gab es Rückschläge, die mir aber im Endeffekt nur mehr Auftrieb verliehen haben, ich wollte einen Stein nach dem anderen aus dem Weg räumen. Natürlich war es nicht immer einfach und es gab ein paar Momente, in denen ich gedacht habe: »Wieso ich? Wie viel kommt denn noch? Wann hat das ein Ende?« Jedoch habe ich diese Energie und Gedanken bewusst durchfließen lassen, habe mich geerdet und mich gestärkt, um weiterzugehen. So konnte ich Schritt für Schritt das lösen, was mir nicht dienlich war, und meine wahre Seelenessenz kam immer mehr zum Vorschein.

Ein paar meiner Klientinnen haben einen ähnlichen Antrieb und das ist super, aber es gibt auch jene, die schnell in ein Loch fallen. Hier bedarf es guter Strategien und dass du weißt, welcher Typ du bist.

Was helfen kann

Ein Visionboard

Notiere dir (auf deine eigene Weise), wo du ankommen möchtest. Das kann ein Bild sein oder mehrere Bilder, die zu einer Collage zusammengefügt werden. Einige verteilen diese Bilder in der Wohnung, viele nehmen sie als Hintergrundbild auf dem PC oder Handy. Zusätzlich können auch geschriebene Worte helfen, wie etwa *selbstbewusst, vertrauensvoll, Vertrauen, Selbstliebe.*

Rituale

Es kann hilfreich sein, sich im Alltag kleine Rituale einzubauen, die dich immer wieder mit deinem Ziel verbinden und dir Stabilität und Erdung ermöglichen. Du kannst jeden Morgen und jeden Abend 15–30 Minuten (oder länger, das geht immer) eine Übung mit dem inneren Kind machen (mehr dazu weiter hinten in diesem Kapitel), eine Meditation oder du kannst visualisieren, wie du dich fühlen möchtest. Falls dir das

Visualisieren jetzt noch schwerfällt, kannst du Atemübungen machen oder dir bewusst Affirmationen sagen. Wichtig ist: Es soll dir entsprechen und sich für dich gut anfühlen.

Eine Therapeutin

Wenn du Motivation und Hilfe von außen brauchst, suche dir eine Therapeutin, die mit Herzblut dabei ist; niemanden, der dich »schnell abhandelt«, sondern eine Frau (oder einen Mann, jedoch möchten die meisten Frauen bei solchen Themen lieber eine Frau), die mit Leidenschaft an deiner Geschichte und Entwicklung interessiert ist. Das erfordert ein bisschen Suche und Probieren, aber das zahlt sich aus, vor allem deshalb, weil ihr eine Strategie ausarbeiten könnt, die vollautomatisch dafür sorgt, dass du nicht zurückfallen kannst (und wenn, dann kommst du schnell wieder hoch), sondern am Ball bleibst.

Dein Umfeld

Auch dein Partner, deine Familie und deine Freundinnen können dich unterstützen. Zwar solltest du sie nicht als Therapieersatz gebrauchen und, so hart das klingt, niemand ist an deiner eigenen Entwicklung so sehr interessiert wie du selbst, sodass ich davon abrate, einen Live-Ticker zu inszenieren. Wenn du jedoch Bescheid gibst, dass du deine Themen aufarbeiten möchtest, und signalisierst, dass du dir Motivation, Unterstützung und Halt wünschst, werden echte Freunde und deine Familie gern bereit sein, dir all das zu geben. Was ich bei meinen lieben Klientinnen mache: Ich hole deren Partner,

Schwester oder Freundin mit ins Boot und gebe ihnen Ideen und »Anleitungen«, wie sie meine Klientin bestmöglich unterstützen können. Vor allem wenn ich weiß, dass diese vom Typ her Mühe hat, selbst dranzubleiben, und die Willenskraft immer wieder einen Anstoß von außen braucht. Ein Anstoß von außen darf in keinem Fall verwechselt werden mit »die Verantwortung nach außen abgeben«; die Verantwortung trägt jede für sich selbst, dies bezieht auch das bewusste Suchen nach Unterstützung mit ein, wie etwa eine Therapeutin aufzusuchen und das soziale Umfeld um Motivation und Halt zu bitten. Gehen dürfen wir den Weg allein, das Umfeld und die Therapeutin begleiten uns lediglich, ohne zu zerren oder die Verantwortung zu übernehmen.

Techniken, Methoden und Anwendungsbeispiele

Seit dem traumatisierenden Ereignis springen wir nicht mehr leichtfüßig durchs Leben, haben die Unbeschwertheit und das Vertrauen in andere Menschen verloren, es ist etwas »kaputtgegangen«.

Unsere wahre Essenz jedoch, der innere Kern, ist noch immer dieselbe. Das Drumherum hat sich verändert, es kamen Muster und Glaubenssätze dazu, Ängste, die sich in Panikattacken, Flashbacks und anderen Verhaltensweisen widerspiegeln – aber tief in uns drin ist der innere Kern unantastbar und heil.

Bei jedem Menschen prägt sich ein Trauma unterschiedlich aus. Wir merken, dass wir traumatisiert sind, indem wir uns anders kleiden als früher oder seltener rausgehen. Möglicherweise haben wir Seelenanteile verloren, die uns Freude und Leichtigkeit gegeben haben. Wir haben Glaubensmuster aufgenommen, die uns einflüstern, dass wir nicht genügen würden. Wir identifizieren uns mit dem Ereignis und fühlen uns als Opfer – oft in Verbindung damit, dass wir andere Menschen, die uns niemals etwas antun würden, als Täter sehen, weil wir unseren Schmerz und unsere Angst auf sie projizieren. Bei manchen Klientinnen bekomme ich mit, dass sie glauben, ihr Leben wäre zerstört.

Bei all dem ist zu fragen: Warum geben wir dem Ereignis oder den damals handelnden Personen so viel Macht über unser heutiges Leben? Müssen wir uns dem wirklich fügen – oder gibt es andere Möglichkeiten? Können wir wieder in unsere Kraft kommen? Es ist klar, dass wir es nicht ungeschehen machen können, aber wir können heilen, was kaputtgegangen ist, sodass wir wieder aufblühen und das Leben in Freiheit genießen können.

Heilung einfach erklärt

Wenn man nach einer traumatisierenden Erfahrung in destruktiven Mustern verheddert ist, klingt der Gedanke an eine vollständige Heilung unrealistisch. Heilung bedeutet »Ganzwerdung«, den seelischen Urzustand herzustellen, jedoch auf einer höheren Entwicklungsstufe als vor dem Ereignis.

Bei der Heilung wollen wir das, was nicht zu uns gehört, herausnehmen und entfernen, extrahieren und transformieren, sodass es wieder dem Urzustand entspricht. Zweitens wollen wir das, was zum wahren Ich oder zur wahren Seelenessenz gehört, integrieren: Vertrauen etwa, oder Leichtigkeit.

Natürlich ist vieles nicht von Anfang an ersichtlich, weil die Heilung auf mehreren Schichten geschieht und sich vieles im Unterbewusstsein abspielt. Jedoch kann bei genügend Willenskraft, der tiefen Bereitschaft, sich für die Heilung zu öffnen, und dem Dranbleiben alles vollständig heilen.

Im Folgenden stelle ich einige Techniken und Methoden vor, die ich erfolgreich anwenden konnte. Wichtig für die tiefgründige Heilung ist, dass du Emotionen und Körperempfindungen so gut du kannst durchfließen lässt. Halte also nicht an Wut, Trauer oder Angst fest, unterdrücke diese Emotionen nicht, sondern nimm sie wahr, wenn sie in deinem Körper fließen. Atme weiter. Dadurch kannst du erkennen, dass du nicht diese Angst bist. Du bist nicht die Erfahrung oder das Ereignis – und du bist nicht machtlos den Menschen gegenüber, die zu dem Ereignis beigetragen haben. Du bist mehr als das – und dadurch, dass du den Emotionen Raum gibst und sie beobachtest, kannst du Heilung finden.

Ich empfehle dir bei allen Übungen,
dass du wahrnimmst, präsent bist und
durchfließen lässt – so gut wie möglich.

Bevor wir zu den Hauptübungen gehen, möchte ich dir Stabilisierungstechniken vorstellen, mit denen du dich beruhigen kannst. Diese unterstützenden Elemente sind für die Aufarbeitung sehr wichtig.

Jede Person ist anders und braucht andere Übungen. In der Praxis mache ich es mit meinen Klientinnen so, dass wir in der ersten Sitzung auf die Situation schauen und herausfinden, was wir aufarbeiten möchten. Wir blicken in die Vergangenheit, aber auch dahin, wo sich die Person zukünftig sieht und was ihr Ziel ist. In den ersten zwei oder drei Sitzungen gebe ich ihr dann Coping-Strategien mit, mit denen sie sich stabilisieren und beruhigen kann. Diese Methoden dienen dazu, das Stresslevel zu senken, den Adrenalinspiegel etwa, der automatisch höher ist bei Menschen, die ein Trauma erlebt haben und die ein Trauma erneut durchleben.

Ein paar von ihnen möchte ich kurz anreißen, damit du einen Eindruck gewinnst. Fühl in dich hinein, was bei dir resoniert, und tauche dann ein, indem du dir weiterführende Literatur und Medien besorgst. Meist gibt es Bücher und frei zugängliche Artikel, YouTube-Videos, Podcasts oder Kurse, an denen du teilnehmen kannst.

Stabilisierungswerkzeug 1: Autogenes Training

Das autogene Training meint die Suggestion positiv stimmender Sätze: »Ich bin gut, wie ich bin«, »Ich bin ruhig«, »Meine Beine sind schwer und angenehm warm« – und so weiter.

Es gibt hier unterschiedliche Arten und Abläufe; wichtig ist, dass es für dich passt und dich in eine Entspannung bringt. Ich empfehle das autogene Training jeden Tag mindestens einmal zu machen, auch wenn es ein »guter Tag« ist. Auf diese Weise lernen dein Körper und dein autonomes Nervensystem, bei diesen Sätzen oder Worten automatisch runterzufahren.

Du kannst »Trockenübungen« etablieren, die dir guttun und Tag für Tag dein Stresslevel senken. Wenn du nun eine Trigger-Situation erfährst oder Vergangenes aufarbeitest, findest du durch diese Übung einfacher deine innere Ruhe und Stabilität.

Diese Übung gebe ich circa 80 Prozent meiner Klientinnen mit und das Feedback ist wirklich sehr positiv.

Entsprechende Videos und Audiodateien kannst du abspeichern und immer wieder anschauen und anhören.

Stabilisierungswerkzeug 2: EFT

Bei den *Emotional Freedom Techniques*, besser bekannt unter der Kurzform EFT, klopft man auf bestimmte Punkte im Gesicht und auf der linken Hand, da in den Meridianen viele Emotionen gestaut sind. Durch das Klopfen kommen die gestauten Energien in den Meridianen in den Fluss und die Blockaden werden gelöst.

Diese Technik ist vor allem empfehlenswert bei Trauma, Panikattacken oder anderen heftigen Reaktionen. Dank des Klopfens bestimmter Punkte kann die Stressreaktion heruntergefahren werden und es kehrt wieder Ruhe ein.

Als ich meine Trauma-Therapie begann, war dies die erste Technik, die meine damalige Therapeutin bei mir anwendete. Zu dieser Zeit hatte ich jeden Tag Flashbacks, Kopfkino mit Angstgedanken und Horrorszenarien und mein Alltagsstresslevel war sehr hoch. Schon nach nur einer Anwendung, in der alle 14 Punkte mit dieser Technik geklopft wurden, hatte ich vier symptomfreie Tage. Nach circa zwei Jahren geprägt von ununterbrochenen Angstzuständen und depressiven Momenten, war das fast wie im Märchen. Ich spürte zum ersten Mal seit Langem, wie sich emotionale Freiheit anfühlte. Somit kann ich auch diese Technik wärmstens empfehlen.

Stabilisierungswerkzeug 3:
Progressive Muskelrelaxation

Du spannst eine Stelle deines Körpers bewusst und intensiv an und lässt diese nach einer gewissen Zeit los. Spüre, wie die Energie (ab)fließt. Du kannst mit deiner linken oder rechten Faust starten; balle sie zusammen, so fest du kannst. Halte diesen Zustand für 30 Sekunden – und lasse dann los. Dies kannst du dann in weiteren Körperregionen machen, um bewusst Stress abfließen zu lassen und in die Ruhe zu kommen.

Stabilisierungswerkzeug 4: Meditation

Meditation bedeutet, in die innere Stille zu gehen und präsent zu sein. Du bleibst bei vollem Bewusstsein und schiebst einströmende Gedanken sanft beiseite, indem du sie durchfließen lässt. Du bist im Hier und Jetzt mit deinem Atem verbunden. Meditation hilft dir, deine Gedanken und Emotionen bewusst zu beobachten, anstatt sofort zu reagieren oder die damit einhergehenden Geschichten zu glauben. Meditation unterstützt dich auch dabei, in deine eigene Mitte zu kommen und innere Ruhe zu finden.

Meditation ist nicht für jeden geeignet; wenn du noch am Anfang der Aufarbeitung stehst und sich die Flashbacks oder negativen Gedanken sofort zeigen, wenn du die Augen schließt, empfehle ich eher das autogene Training. Nach einer gewissen Zeit kann dann auch Meditation praktiziert werden.

Bei meinen Klientinnen ist Meditation sehr beliebt, jedoch gebe ich den meisten ganz am Anfang zuerst das autogene Training mit. Nach zwei bis drei Monaten sind die meisten in der Lage, ihre Gedanken bewusster zu beobachten und vieles ist aufgelöst. Meditation kann dann zu einer noch tieferen Verbindung zu sich selbst führen.

Erfolgreiche Sportler und Geschäftsführer meditieren regelmäßig; ich selbst eine halbe Stunde jeden Morgen und während des Tages auch noch das ein oder andere Mal. Hilfreiche Apps leiten dich an, meditieren zu lernen; du findest aber auch auf YouTube geführte Meditationen, die du dir anhören kannst.

Stabilisierungswerkzeug 5: Die Wurzelübung

Stelle dich mit beiden Fußsohlen hüftbreit flach auf den Boden, die Knie leicht gebeugt. Schließe deine Augen und nimm wahr, wie du stehst. Wackelst du? Stehst du stabil? Fühle in dich hinein. Geh mit deiner Aufmerksamkeit zu deinen Füßen und nimm bewusst den Boden wahr. Nimm dir einen Moment Zeit, um das zu spüren. Achte auf deine Gedanken, es kann gut sein, dass diese hin und her schwirren oder dass Sorgen oder Ängste hochkommen. Ich empfehle dir, dich bewusst zu entscheiden:»Ich gehe mit meiner Aufmerksamkeit lieber runter zu meinen Füßen und fühle den Boden!« Sobald du mehr zur Ruhe gekommen bist und den Boden spürst, stell dir vor, wie Wurzeln aus deinen Füßen in den Boden hineinwachsen.

Es spielt keine Rolle, wo du bei der Ausführung bist; stelle dir vor, die Wurzeln wüchsen aus deinen Füßen und gingen tief in den Boden hinein, in Mutter Erde. Lass sie so lange wachsen, wie es nur geht. Wichtig ist, dass sie nach unten wachsen, nicht zur Seite. Wüchsen sie zur Seite, hieße das, du orientierst dich an anderen, es geht aber darum, dich an dir selbst zu orientieren und eine eigene Stabilität aufzubauen.

Schaue nach wenigen Augenblicken, wie dick und lang die Wurzeln sind – und wenn du das Gefühl hast, dass es passt, verbleibe in dem Zustand. Ansonsten kannst du gern mehr Energie hinunterschicken und weitere Wurzeln aufbauen, um mit ihnen weitere Stabilität und Halt aufzubauen.

Natürlich kann es sein, dass am Anfang die Wurzeln noch nicht so lang sind, aber mit der Zeit werden sie immer länger. Wenn du es häufiger übst, werden sie definitiv länger.

Zu Beginn kann es sein, dass du dir die Wurzeln nicht so stark vorstellen kannst, das ist völlig normal – es braucht Zeit. Wichtig ist, in der Ruhe und Entspannung zu bleiben, die Energie fließen zu lassen und sich zu öffnen. Es kann auch passieren, dass sich die Beine schwerer anfühlen, was als gutes Zeichen zu werten ist, weil sich die Energie dort sammelt (und nicht, wie sonst, im Kopf ist und sich mit den Tausenden Gedanken beschäftigt, die wir pro Tag so haben). Es sollte dich also nicht beunruhigen, mehr Energie in den Beinen zu haben – im Gegenteil!

Es gibt Übungen, die du während zwei oder drei Monaten wiederholst, da diese spezifisch auf bestimmte Themenbereiche angewandt werden können. Die Wurzelübung hingegen kann ich dauerhaft empfehlen, in den Alltag einzubauen, gleich am Morgen, wenn du aufstehst und ins Bad gehst zum Beispiel: Für zwei Minuten hinstellen – und schon bist du geerdet und verfügst über mehr Stabilität.

Zum Hintergrund: Wir aktivieren in dem Moment das sogenannte Wurzel-Chakra, das viel mit Vertrauen und Sicherheit zu tun hat, aber auch mit der finanziellen Stabilität. Da wir innerlich mehr Stabilität und Bodenhaftung aufbauen, kann sich das dank des Resonanz-Gesetzes im Außen spiegeln, indem die finanzielle Lage sowie auch andere Bereiche stabiler werden und mehr Boden haben.

Stabilisierungswerkzeug 6: Das innere Kind

Das innere Kind ist unser emotionaler, verletzlicher Anteil, der Sicherheit und Stabilität braucht und angenommen werden möchte. Wenn du ihm begegnen möchtest, empfehle ich dir, einen geschulten Therapeuten oder eine geschulte Therapeutin zu kontaktieren. Es gibt Bücher, Meditationen und Übungen für das innere Kind; auch die Teilnahme an einer Therapiegruppe ist möglich.

Für die ersten Schritte empfehle ich jedoch eine oder mehrere Stunden mit einem erfahrenen Therapeuten. Der Grund liegt darin, dass bei vielen Menschen mit einschneidenden Ereignissen in der Kindheit beim »Einladen« des inneren Kindes viel hochkommen kann und dies dann mehr destabilisiert, als es heilt. Eine erfahrene Therapeutin kann dir helfen, die alten gestauten Emotionen zu verarbeiten und dir selbst einen Schritt näherzukommen.

Übungen, mit denen du dich heilen kannst

Bevor wir zu den Übungen kommen, stelle dir die entscheidende Frage: Was ist *in dir*, was nicht zu dir gehört? Was ist durch das traumatisierende Ereignis in dir entstanden, was nicht in dir sein sollte?

Das können Glaubenssätze sein, etwa der, dass »alle Männer so sind« oder dass du das Opfer bist. Dass du kämpfen musst, um anerkannt zu werden.

Welche Glaubenssätze begleiten deinen Alltag? Welche Emotionen hast du, die nicht zu deinem inneren Kern gehören?

Flippst du schnell aus, wirst du schnell wütend? Gerätst du schnell in die Defensive und ziehst dich zurück? Scheust du Konflikte? Welche emotionalen Reaktionen und Muster gibt es, die nicht zu dir gehören?

Was hast du verloren, das eigentlich zu dir gehören würde? Die Freude, das Vertrauen, die Leichtigkeit? Oder kannst du nur schwerlich deine Weiblichkeit zeigen und leben?

Vor jeder Anwendung

Ich lade dich erstens ein, deine Füße flach auf den Boden zu stellen, falls du auf einem Stuhl, Sessel oder Sofa sitzt. Wenn du dich auf den Boden setzt, ist das ideal, da dein Wurzel-Chakra dann bereits den Boden berührt. Generell ist Erdung wichtig; achte darauf, dass deine Arme nicht überkreuzt sind, denn dies blockiert die Energie.

Zweitens empfehle ich dir, dich mit genügend Flüssigkeit wie Wasser oder Tee auszustatten.

Drittens willst du dafür sorgen, dass der Raum, in dem du dich befindest, angenehm ist. Stimmt die Temperatur, passt die Beleuchtung? Vielleicht magst du einen Duft aufstellen oder eine Kerze anzünden. Schalte dein Smartphone aus und bitte etwaige Mitbewohner, dich in den kommenden Minuten nicht zu unterbrechen.

Einige der Anwendungen kannst du allein für dich durchführen, für andere brauchst du eine Fachperson, weil sie komplexer sind.

Übung: »Durch die Story durch«

In dieser Übung gehst du Schritt für Schritt durch die vergangene Geschichte, um sie auf mentaler, emotionaler und physischer Ebene zu betrachten und dich schrittweise von ihr zu lösen.

Zur Vorbereitung brauchst du mehrere Zettel – DIN A5 genügt – und einen Stift. Pro Schritt benötigst du vier Zettel. Ich empfehle dir, um der Effektivität willen alles aufzuschreiben, weil du dadurch gründlicher aufarbeiten wirst.

Teile das Erlebnis, das du aufarbeiten möchtest, in zeitliche Abschnitte auf (immer eine Handlung pro Schritt; ein Beispiel dazu folgt) – und sei großzügig dabei, das heißt, fange ein wenig vorher an, zum Beispiel als du dich auf die Party vorbereitet hast oder als du am Morgen aufgestanden bist, und höre erst auf, wenn wirklich alles vorüber ist.

Jedem dieser Zeitabschnitte wirst du jeweils (!) vier Zettel widmen und diese einzeln beschriften. Auf den ersten Zettel schreibst du, was aus objektiver Sicht passiert ist, auf den zweiten Zettel, was emotional in dir vorging, auf den dritten Zettel, welche Gedanken dir durch den Kopf gingen, und auf den vierten Zettel, was körperlich bei dir los war.

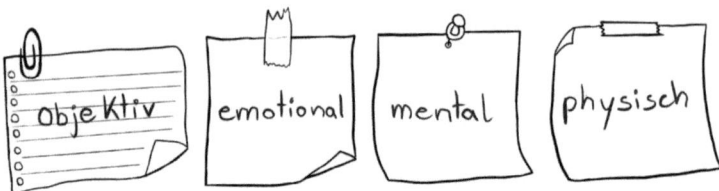

Lass uns gemeinsam ein Beispiel durchsprechen. Wir nehmen an, es gäbe eine Frau, die auf dem Weg zur Disco von ihrem Ex-Freund angeschrieben und emotional aufgewühlt wurde. Sie fühlte sich von ihm belästigt, weil er sie zurückwollte und unter Druck setzte.

Wir widmen also jetzt jedem Zeitabschnitt vier Zettel und beginnen ein wenig früher, also nicht erst, als sie die SMS erhielt, sondern früh am Abend: Die Frau zog sich an, schminkte sich und brachte sich in Stimmung.

Zettel #1: Was ist objektiv passiert? Hier könnte sie schreiben: »Ich bereite mich auf den Abend in der Disco vor, schminke mich und ziehe mich schön an.«

Zettel #2: Was ging emotional in mir vor? »Ich freue mich, meine Freundinnen zu sehen, habe aber irgendwie ein ungutes Gefühl.«

Zettel #3: Was habe ich gedacht? »Ich überlege mir, ob ich ein Taxi nehme und wie viel Geld ich mitnehmen soll.«

Zettel #4: Wie fühlte ich mich körperlich? »Ich fühle mich leicht, weil ich mich auf den Abend freue.«

Als die Frau dann im Taxi saß und zur Location fuhr, bekam sie eine SMS von ihrem Ex-Freund. Er schrieb, er möchte sie zurückhaben und könne nicht loslassen:

Zettel #1: Was ist objektiv passiert? »Er hat mir eine SMS geschickt.«

Zettel #2: Was ging emotional in mir vor? »Ich spüre Angst und Panik.«

Zettel #3: Was habe ich gedacht? »Meine Gedanken kreisen um die Situation mit ihm.«

Zettel #4: Wie fühlte ich mich körperlich? »Ich fühle einen Kloß im Hals und große Anspannung.«

Auf diese Weise kannst du Schritt für Schritt die ganze Geschichte durchgehen. Wir nehmen an, dass der Ex-Freund nach ein paar Stunden ebenfalls in die Disco gekommen ist. Somit wäre der nächste Schritt, dass sie in der Disco ankommt und ihre Freundinnen trifft. Wahrscheinlich ist das *ungute Gefühl* noch präsent. Danach könnte es sein, dass die Freundinnen sie gestärkt haben und sie dann tanzend und lachend den Abend genossen hat. Als Nächstes ist er dann aufgetaucht und hat sie belästigt, so lange, bis die Security zu Hilfe gekommen ist. Das Ende der Geschichte wäre dann, als sie endlich wieder heil daheim angekommen ist und evtl. aufgrund des Adrenalinschubs nicht schlafen konnte. Das klingt nach viel Arbeit, im Endeffekt werden es aber nur sechs oder sieben Schritte sein. Nimm jeden der Schritte bewusst wahr und fühle ihn so gut wie möglich im Körper. Atme weiterhin bewusst; wenn die Emotion hochkommt oder du den Stress spürst, kannst du eine oder mehrere der Stabilisierungstechniken anwenden, um den Stress durchfließen zu lassen.

Anmerkung: Wenn du merkst, dass es dich zu sehr ins Trauma hineinzieht, brich die Übung ab und wende eine oder mehrere der Stabilisierungsübungen an. Eventuell kannst du die Technik in Begleitung einer Fachperson anwenden oder eine andere Methode wählen.

Spüre bewusst, was du in welchem Moment gefühlt und gedacht hast, und notiere es jeweils in kurzen Sätzen auf diese vier Zettel, jeweils im Präsens formuliert, als würde es dir jetzt gerade widerfahren. Beginne stets mit dem, was passiert ist, schreibe es objektiv, ohne Wertung, zum Beispiel: »Mein Ex-Freund schreibt mir und möchte mich zurück. Er zwingt mich, ihn zu treffen« oder »Ich mache mich für den Abend fertig« oder »Ein fremder Mann läuft mir nach«.

Bleibe objektiv und nimm nüchtern die körperlichen Reaktionen wahr, wie etwa den Druck auf der Brust, den schnellen Atem – und notiere alles.

Nimm auch die Gedanken wahr und schreibe sie nieder. Faszinierend: Indem du es aufschreibst und die einzelnen Ebenen trennst, kannst du schon viel verarbeiten. Hinterfrage deine eigenen Gedanken; waren sie nur in dem Moment so oder möchtest du sie als fixes Weltbild behalten? Hast du in dem Moment gedacht: »Oh Gott, ich bin zu schwach, ich kann mich nicht wehren?« – und frage dich: »Ist das immer so?« – oder nur einmalig in dieser Situation und in Zukunft kannst du es ändern?

Schreibe alles auf diese vier Zettel, von Anfang an. Nimm jeden einzelnen Zeitabschnitt und stelle immer wieder diese vier Fragen, um die vier Ebenen genauer zu betrachten. In Bezug auf das hier gewählte Beispiel könnten wir uns fragen: Wie fühlt sie sich, wenn sie heimkommt? Was denkt sie, wenn sie ihrem Ex-Freund antwortet, sofern sie das tut? Was geht ihr am nächsten Tag durch den Kopf? Welche Auswirkungen haben ihre Gedanken auf sie?

Wenn du fertig bist, kannst du dich entspannen, vielleicht mithilfe eines Spaziergangs oder mit Sport. Ich habe bewusst ein einfacheres Beispiel gewählt; die Übung kann jedoch auch bei intensiven und einschneidenden Ereignissen angewendet werden.

Abrunden lässt sich die Übung durch eine oder mehrere Wiederholungen in den darauffolgenden Tagen oder eine Woche später, je nach Gefühl. Wende den gleichen Ablauf an, jedoch mit neuen Zetteln. Schreibe alles erneut auf. Du wirst merken: Bereits jetzt werden dich einzelne Punkte weniger »triggern«, das Ganze wird weniger intensiv sein, du hast ein bisschen was heilen können.

Ich habe diese Technik schon mehrfach benutzt und wirklich heftige Traumata nur mit dieser einen Technik heilen können, wenn beispielsweise ein Missbrauch geschehen ist. Ich erinnere mich an eine Klientin, bei der wir ein Missbrauchsthema innerhalb von drei Sitzungen lösen konnten. Bei einer anderen

Frau gab es eine heftige Verletzung der Weiblichkeit, weil sie ihren damaligen Partner beim Fremdgehen erwischt hatte.

Durch die Technik konnten wir all das heilen, sodass ihre Liebe für sich selbst wieder neu aufblühen und sie sich wieder für eine Beziehung mit einem Mann öffnen konnte.

Weitere Techniken, um den Raum (wieder) einzunehmen und emotional frei zu werden

Werden wir belästigt, missbraucht, nicht respektiert oder nicht wertgeschätzt, werden wir unseres Raumes beraubt und fühlen uns »fehl am Platz«. Wir machen uns klein, verteidigen uns und verlieren das Grundvertrauen, sodass wir in einer Habachtstellung verharren oder die inneren Verletzungen überkompensieren, indem wir eine Schutzmauer aufbauen und niemanden emotional näherkommen lassen.

Die Übungen auf den folgenden Seiten helfen dir, deinen Platz wiederzufinden und einzunehmen. Das gilt auch für Situationen, in denen du das Gefühl hast, nicht beachtet oder gehört zu werden, wie etwa innerhalb deiner Familie. In der Folge wirst du deinen Raum wieder einnehmen können und dich energetisch vor Dingen schützen, die dir nicht guttun. Des Weiteren verhelfen dir die Übungen dazu, von der Vergangenheit emotional frei zu werden und dein wahres Ich zum Vorschein zu bringen.

Übung: Die Aura-Abgrenzung

Die Aura ist das uns umgebende Energiefeld, das in Kontakt mit der Außenwelt steht. Über die Aura antizipieren wir Gefahren und nehmen wahr, ob uns Menschen nah oder fern sind. In Momenten der Grenzüberschreitung ist es so, als dränge die andere Person in unsere Aura ein; wir fühlen uns, als hätten wir wenig Platz und Raum.

Mit der vorliegenden Übung bauen wir unsere Aura auf und schaffen uns Sicherheit. Idealerweise führen wir sie regelmäßig aus, am besten morgens. Sie empfiehlt sich vor allem dann, wenn wir planen, uns in größere Menschenansammlungen zu begeben; auch das Großraumbüro kann ein Grund sein, früh morgens die Aura aufzubauen und als imaginären Schutzraum zu konstituieren.

Wir nehmen durch unsere Aura extrem viel wahr – einerseits, wie es den Menschen um uns herum geht und wie sich die Energie im Raum anfühlt, aber auch das, was nicht zu uns gehört. All das kann bei einer »schwachen« Aura zu uns durchfließen und uns belasten. Mit einer gestärkten Aura nehmen wir dies einfach wahr, bleiben jedoch in unserer eigenen Energie.

Du führst die Übung idealerweise im Stehen aus, nach einiger Übung kann sie auch im Sitzen vollzogen werden. Positioniere dich in der Mitte des Raums und sorge dafür, dass du zu allen Seiten mindestens eine Armlänge Platz hast. Nimm wahr, wie sich die Energie um dich herum anfühlt. Es spielt keine Rolle, ob du die Energie siehst; spüre vielmehr, wie sich das Energiefeld um dich herum, also deine Aura, anfühlt. Wirkt es gestresst oder ruhig? Schwer oder leicht? Schwach? Es kann sein, dass du kränklich oder gestresst bist und eine schwache Aura aufweist – nimm dir einen Moment Zeit, um deine Aura wahrzunehmen.

Du kannst dir auch eine Farbe vorstellen, wenn dir das leichter fällt. Das ist kraftvoll; nimm etwa Blau, wenn du Ruhe, Schutz und Stabilität aufbauen möchtest. Stelle dir vor, dass sich die blaue Farbe um dich herum ausbreitet, sodass du eine Armlänge entfernt im Radius um dich herum in blaue Energie eingehüllt bist.

Vielleicht ist es auch blauer Rauch oder eine dichte, nicht allzu schwere Energie. Viele meiner Kundinnen rufen überrascht, es fühle sich an, als wären sie in einer Art Ei mit Schale drum herum. Das Ei selbst ist die blaue Farbe – auch das ist eine mögliche Vorstellung, das Blaue hüllt dich vollständig ein. Du baust die Aura damit Stück für Stück auf.

Vielleicht brauchst du mehr Kreativität – dann wäre Orange sehr empfehlenswert. Oder du möchtest mehr dynamische, körperlich aktivierende Energie, dann kann Rot deine Wahl sein. Mit der Zeit wirst du einfacher und rascher spüren, was du brauchst, und kannst dir sogar bis zu drei Farben gleichzeitig aufbauen.

Sprich dir innerlich die Affirmationen auf, die dir dienlich sind, damit die Aura dich schützt und das Negative von dir abprallt. Das Positive kann durchkommen, Fremdenergien stößt du weg, Energien, die du nicht brauchst, fließen ab. Sei sensibel und achtsam, denn diese Fremdenergien können dir auch eine Warnung sein. Es ist wichtig, diese wahrzunehmen, jedoch nicht bis zu deinem Kern durchkommen zu lassen. Sei dir in jedem Moment bewusst, dass du sicher und geschützt bist.

Führe die Übung entspannt durch. Erzwinge nichts und achte darauf, dass du nicht verkrampfst. Lasse die Energie nach außen oder um dich herum fließen. Vielleicht geht das beim ersten Mal noch nicht, jedoch beim zweiten oder dritten Mal immer besser.

Dranbleiben ist essenziell bei dieser Übung. Es kann sein, dass du an einem Tag an ein schönes dunkles oder royales Blau denkst, um dich schützen zu können und zu Tiefe und Ruhe zu gelangen. An einem anderen Tag wirst du vielleicht ein Sportevent oder eine Wanderung vor dir haben, bei der du viel Energie brauchst – dann stellst du dir rote Farbe vor. An einem anderen Tag geht es dann um Freude und Leichtigkeit, weil du auf eine Party eingeladen wurdest, hier bietet sich Gelb an oder ein Gelb-Rot; Mischformen sind natürlich auch in Ordnung. Spüre jeweils in dich hinein und frage dich: »Was brauche ich heute?« – das, was intuitiv in dir hochkommt, ist deine Antwort.

Als Ergänzung kannst du auch ein Stück Schnur nehmen und einen Kreis um dich herum auslegen. Du stehst in diesem Kreis und nimmst alles ganz bewusst wahr.

Führe die Aura-Übung durch, wann immer du sie brauchst: vor der Arbeit, vor einer Feier, vor dem Gang zum Supermarkt. Ich persönlich absolviere sie jeden Morgen und baue meine Aura auf. Je häufiger man das macht, desto schneller und einfacher wird die Aura aufgebaut und umso leichter lässt sie sich aktivieren.

Natürlich kannst du sie auch sporadisch machen, wenn du das Bedürfnis nach Schutz empfindest und fremde Energien fernhalten möchtest.

Nach schwierigen und einschneidenden Erlebnissen können wir uns ungeschützt fühlen und so, als würden andere unsere Grenze überschreiten. Es kann auch sein, dass wir uns an Orten mit vielen Menschen in Gefahr fühlen, da das innere Abbild des grenzüberschreitenden Menschen noch immer bedrohlich wirkt und dieser »überall lauern« könnte. Mit dieser einfachen Übung schaffst du ein Gefühl von Schutz und Sicherheit, unabhängig vom Ort oder von den äußeren Umständen. Dank des Resonanz-Gesetzes ziehen wir dann auch eher angenehmere Situationen an, in denen wir uns geschützt fühlen.

Übung:
Emotionen durchfließen lassen

Durch traumatisierende Ereignisse sind Stress und Emotionen im Körper gestaut und zeigen sich in Form physischer und emotionaler Blockaden. Wichtig ist, die Emotionen fließen zu lassen. Die Voraussetzung dafür ist deine eigene Erdung und dass du mit deinem Körper verbunden bist, eine Vertrautheit mit Atemübungen ist ebenfalls von Vorteil.

Auch mit Farben kannst du arbeiten, indem du dir die präsente Emotion in einer Farbe visualisierst; wenn du beispielsweise wahrnimmst, dass deine primäre Emotion zu dieser Situation Wut ist, empfehle ich dir, diese Wut bewusst wahrzunehmen und hochkommen zu lassen und zu fühlen, mitten in deinem Körper. Vielleicht magst du aufstehen, um durch die Wut noch mehr Energie in die Bewegung zu bringen, denn Emotionen sind im Endeffekt (Bewegungs-)Energie. Das Wichtige ist, der Wut nicht mehr zu folgen; wenn du wütend bist, weil eine Person dir X oder Y angetan hat, und du dich dort reinsteigerst (»Ich bin so wütend auf die Person, weil ...«), verstärkst du diese Wut und staust sie weiter in deinem Körper an. In der Folge kannst du deine Energie nicht für etwas anderes nutzen.

Sobald du wahrnimmst: »Wut ist da«, höre dir zu. Die Wut antwortet dir vielleicht: »Ja, ich bin wütend, weil die Person mir dieses und jenes angetan hat.« Dann sagst du: »Ich sehe dich,

ich spüre dich.« Belasse den Fokus auf dir, nicht auf der anderen Person, die gegenüber oder woanders sitzt. Halte deinen Fokus auf dir, schließe notfalls deine Augen und nimm deinen Körper wahr. Nimm die Wut wahr, wie sie fließt. Es ist dabei wichtig zu erkennen, dass du nicht deine Wut bist, sondern ein Teil deiner Energie aktuell in Form von Wut vorhanden ist. Der andere Teil kann diese Wut beobachten, wahrnehmen, Verständnis zeigen und in den Fluss bringen. Mit meinen Klientinnen arbeite ich oft mit dem sogenannten »Beobachter«, der die Emotionen beobachtet und gleichzeitig fühlt, sich aber nicht reinsteigert. Auf diese Weise kann die Emotion einfacher geheilt werden.

Einigen Menschen hilft es, auf dem Boden zu sitzen und die Hände flach links und rechts von sich auf den Boden zu legen und sich vorzustellen, wie die Wut, Trauer oder Angst in den Boden hinabfließt. Auch hier kannst du etwa die Wut einfärben und dir vorstellen, wie sie in roter Farbe in den Boden in Mutter Erde fließt und sich dort in Lebensenergie umwandelt.

Einigen Menschen hilft es auch, laufen zu gehen, zu trainieren, Liegestütze zu machen oder zu tanzen; das kann die Emotionen in den Fluss bringen. Es spielt keine Rolle, was deine Technik ist; wichtig ist, dass sie für dich funktioniert.

Tanze, laufe, trainiere, setze dich hin und atme. Du kannst dir vorstellen, wie du die Emotionen von Wut oder Angst bewusst ausatmest und im Gegenzug Ruhe, Frieden, Harmonie einatmest. Die Emotion ist im Fluss.

Übung: Das innere Kind

Techniken für das innere Kind helfen, deinem emotionalen Anteil Liebe und Verständnis zu schenken und noch nicht verarbeitete Emotionen aufzulösen. Für die ersten Male empfehle ich dir die Hilfe eines erfahrenen Therapeuten; danach kannst du die Übungen für dich selbst nutzen und erwirken, dass du dich als kleines Kind von drei, vier oder fünf Jahren siehst und dich um dich selbst kümmerst.

Stell dir dich selbst vor, als Kind. Du erlebst die Wut, die Verurteilung oder den Schmerz. Du, als Erwachsener, beobachtest dich als Kind. Du nimmst es in den Arm, oder aber, du lässt es so lange strampeln und toben, wie es das gerade braucht. Wichtig ist, präsent zu sein, im Hier und Jetzt, nicht wegschauen zu wollen, sondern sich mit dem Erlebten zu konfrontieren.

Eine weitere Möglichkeit ist, dass du dir vorstellst, dir selbst zu begegnen. Angenommen, du bist jetzt 35 Jahre alt und die traumatisierende Geschichte wäre dir mit 33 Jahren passiert. Du begegnest also jetzt, im Alter von 35 Jahren, deinem damaligen 33-jährigen Ich. Dabei spielt es keine Rolle, ob ihr euch in der Vergangenheit trefft oder dein damaliges Ich ins Jetzt reist. Oftmals ist es hilfreich, dass dein jetziges Ich in die vergangene Situation reist und für dich von damals da ist. Stell dir vor, wie du dir selbst liebevoll begegnest, dich selbst in den Arm nimmst und dir zuhörst. Wie geht es dir – oder, wie erging es dir? Was ist passiert, was wurde noch nicht ausgesprochen? Was hättest du damals gebraucht, wie kannst du auf dich eingehen?

Sei für dich da, für den Anteil in dir aus der Vergangenheit, der das erlebt hat.

Übung:
Das Opfer-Täter-Retter-Dreieck

Eine unterbewusste Rollenverschiebung ist nicht selten, nachdem wir etwas Traumatisierendes erlebt haben. Wir glauben, wir müssten alles hinnehmen und könnten nichts verändern, wären in der Vergangenheit und in diesem Leben gefangen und könnten uns nicht helfen. Wir gehen dann in die Opfer-Rolle und geben die Verantwortung und die »Macht« über unser Leben ab.

Das Gegenteil davon ist die Täter-Rolle: Viele Frauen verhalten sich beispielsweise so, dass sie nach einem Missbrauch oder einer Belästigung beschließen, sich weiteren Männern nie wieder zu öffnen oder gar mit ihnen zu spielen. »Ich will mit dem Ganzen nichts zu tun haben, ich verletze lieber, als dass ich selbst verletzt werde« – und dann gehen sie in die Täter-Rolle.

Ein Beispiel für die Retter-Rolle ist, wenn man weder die Täter- noch die Opfer-Rolle einnimmt, sondern immer für alle da ist, überall Harmonie schaffen möchte und die Verantwortung für andere übernimmt, aus der Überzeugung heraus, man wisse es besser.

In keiner der drei Rollen ist man »bei sich« und übernimmt Eigenverantwortung. Somit wird man auch weniger mit den wahren Verletzungen konfrontiert, eine Heilung ist jedoch auch nicht möglich, wenn man in diesen Rollen feststeckt.

Du kannst dir das Ganze wie ein Dreieck vorstellen, das du dir aufmalen oder mit Steinen hinlegen kannst. An den Eckpunkten steht »Täter«, »Opfer« und »Retter«, die jeweiligen Rollen beziehen sich auf die vorherrschenden Energien.

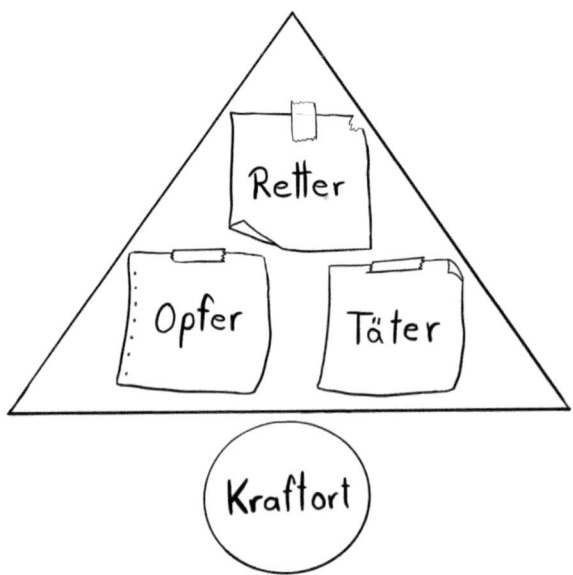

Täter-Rolle

Wenn wir Macht ausüben und es uns egal ist, wie es anderen dabei geht, schlüpfen wir in die Täter-Rolle, auch dann, wenn wir andere verbal verurteilen oder auch nur darüber nachdenken.

Achte auf deine Gedanken und Handlungen; in dem Moment, in dem du dich fragst und es verurteilst, warum eine Person sich auf eine bestimmte Weise verhält, rutschst du bereits in die Täterrolle.

Aber auch, wenn du dein Herz verschließt, weil du einen Schmerz verspürst, unterdrückst du die Verletzung in dir und nimmst eine Machtposition ein, um es nicht fühlen zu müssen. Du bist dann in der Täter-Rolle mit dir selbst.

Die Täter-Energie kann von diesem Leben kommen oder aus früheren Leben stammen. Meistens ist es ein Wechselspiel zwischen Täter und Opfer.

Opfer-Rolle

Die Opfer-Energie bezieht sich auf eine passive Haltung, in der wir das Gefühl haben, nichts tun zu können. Wir fühlen uns machtlos, sehen uns als das »arme Opfer«, über das andere entscheiden. Auch in der eigenen Beziehung können wir uns so fühlen, indem wir bestimmte Dinge mit uns machen lassen und das Ganze mit einer »Ich habe keine andere Wahl«-Haltung rechtfertigen. Wir geben in diesem Moment

Verantwortung ab – und sobald wir das tun, rücken wir näher an die Opfer-Rolle heran.

Retter-Rolle

Die Retter-Rolle wirkt im ersten Moment so, als müssten wir sie hochhalten und wertschätzen, aber auch sie bringt ihre Fallstricke mit sich, da sie mit der Täter-Rolle verzahnt ist. In dem Augenblick, in dem wir unseren Anteil überhöhen, als wir einer Person etwa als Therapeut, Beziehungspartner, Elternteil oder Freund zur Seite gestanden haben, weil wir davon ausgehen, dass wir den »größten Anteil« an dem Ergebnis haben, machen wir uns zu Rettern, indem wir die Verantwortung für die andere Person übernehmen und diese zum Komparsen degradieren.

Zwar geschieht dies nichts absichtsvoll und auch nicht in schlechter Intention, aber dennoch übergehen wir das Interesse des anderen und verhalten uns wie ein Retter.

Im Endeffekt sind alle drei Rollen nicht auf Augenhöhe mit der anderen Person, und allein das führt zu einem Ungleichgewicht.

Die Übung

Für die Dreiecksübung empfehle ich, das Dreieck aufzuzeichnen oder drei Blätter zu nehmen und darauf jeweils »Täter«, »Opfer« und »Retter« zu notieren, und diese Blätter dann in Dreiecksform auf den Boden zu legen.

Sei dir bewusst: Immer, wenn du in einer dieser Rollen steckst, bist du nicht »bei dir« und nicht in deiner Kraft. Um weitere Resonanzen mit diesen Rollen zu ermitteln, kannst du entweder schauen, in welchen Bereichen deines Lebens du noch in diesen Rollen verankert bist, oder du hast eine konkrete Situation vor Augen, in deiner Beziehung oder deinem Berufsleben, bei der du merkst, dass es nicht ganz ausgeglichen ist.

Begib dich vor das Dreieck und setze einen Schritt in das Dreieck hinein und beginne mit der Täter-Rolle, indem du dich rechts unten auf die Täter-Position stellst. Erlaube deinem Unterbewusstsein, alles hochkommen zu lassen, was mit der Täter-Rolle resoniert.

Erlaube den Energien, hochzukommen und zu fließen. Einigen von uns fällt es leichter, anderen wiederum weniger leicht. Vielleicht kommen Bilder in dir hoch, vielleicht magst du eine Tarotkarte ziehen, um zu schauen, wo du noch Reaktionen zur Täter-Rolle hast.

Wenn du die Resonanzen hast abfließen lassen, gehe einen Schritt nach hinten aus dem Dreieck heraus, sodass du es vollständig im Blick hast. Komme in deine Kraft und deine Energie, in die Verantwortung für dich selbst. Zur Unterstützung kannst du zum Beispiel die Wurzelübung oder eine Atemübung machen. Wenn du die Verbindung zu dir wieder spürst, machst du einen Schritt in die Mitte und dann nach links unten zur Opfer-Rolle.

Hier wiederholst du die Schritte und spürst, wo du Resonanzen zur Opfer-Rolle hast. Wo lehnst du sie komplett ab? Vielleicht kommen Sätze, Glaubenssätze, Wörter oder Bilder hoch. Lasse diese durchfließen, beobachte sie, es können auch Emotionen hochkommen.

Beobachte, was sich zeigen möchte, und stelle dich dann wieder in die Mitte und an deinen Kraftort außerhalb des Dreiecks. Komme in deine Verbindung, in deine Kraft.

Zum Schluss machst du das Gleiche mit dem Retter. Stell dich in die Mitte des Dreiecks und dann auf die Position des Retters an der Spitze des Dreiecks. Lass dir auch hier von deiner Intuition mitteilen, wo du noch in dieser Energie bist und das Gefühl hast, du könntest andere verändern.

Lasse alles durchfließen, Wörter, Bilder, Glaubenssätze – du kannst es dir auch aufschreiben – und stell dich dann wieder in die Mitte und zurück an deinen Kraftort.

Die Übung kannst du jederzeit wiederholen. Achte im Alltag darauf, wie schnell es passiert, dass wir in eine dieser Positionen hineinfallen. Du kannst dir dann erneut das Dreieck vorstellen, herauspicken, wo du gerade bist, und vielleicht auch bewusst einen Schritt zurück machen und dir sagen:»Ich trage die Verantwortung für mich – und jede trägt die Verantwortung für sich. Ich respektiere den Raum der anderen Menschen und bin bei mir in meiner Kraft.«

Wenn du dich dann noch mehr hineingefühlt hast und die damit verbundenen Elemente hast abfließen lassen, hast du diese Punkte geheilt.

Übung:
Mentale Glaubenssätze auflösen

Die Voraussetzung dafür, mentale Glaubenssätze wie»Ich bin nicht gut genug!« oder»Das Leben ist ein Kampf« aufzulösen, ist, zu erkennen, dass diese unwahr sind.

Schreibe den aufzulösenden Glaubenssatz auf und finde mindestens drei Gründe, warum er nicht stimmt. Du kannst Freunde oder deinen Lebenspartner um Unterstützung bitten.

Schreibe auch einen neuen Glaubenssatz auf, beispielsweise: »Ich bin gut, so wie ich bin « oder»Das Leben kann herausfordernd sein, es ist aber auch schön«.

Finde mindestens drei Gründe, wieso der neue Glaubenssatz stimmt, und schreibe sie auf.

Dies kannst du auch mit der EFT-Technik verbinden, indem du diesen neuen Glaubenssatz »einklopfst«; ein paar Seiten zuvor hatten wir darüber gesprochen.

Nachdem du die positiven und negativen Glaubenssätze aufgeschrieben hast, kannst du erneut in den negativen Glaubenssatz hineinfühlen und diesen abfließen lassen. In Kombination mit dem emotionalen Durchfließen-Lassen, zum Beispiel mithilfe der Farben oder indem du deine Hände auf den Boden legst.

Lasse das, was deinen negativen Glaubenssatz noch beschwert, in den Boden abfließen, oder atme ihn aus und sage: »Ich lasse ihn los, ich lasse ihn abfließen.«

Verbinde dich mit deinem Atem und spüre den Boden, sodass du ruhiger wirst. Im zweiten Schritt stellst du dir den neuen positiven Glaubenssatz vor, den du **ein**atmen kannst. Wenn du das immer wieder machst, wirst du eine Veränderung spüren. Gehe ganz in das Gefühl hinein und visualisiere dir, wie dein Leben sich mit dem neuen Glaubenssatz anfühlt.

Übung:
Die Seelenanteile wieder integrieren

In einer weiteren Übung kannst du verloren gegangene Seelenanteile wieder integrieren. Stelle dir die Frage, was bei dir durch das traumatisierende Ereignis verloren gegangen ist. Dein Mut, Konflikten zu begegnen? Deine Fröhlichkeit? Hast du dir geschworen, nie wieder machtlos zu sein, hast du die Machtlosigkeit unterdrückt?

Auch das ist ein Seelenanteil von dir, der angenommen und geheilt werden möchte, sodass du ihn nicht mehr ausleben musst. Wenn Seelenanteile abgelehnt oder nicht integriert sind, ziehen wir oft Situationen oder Menschen an, die uns diesen Anteil spiegeln. Der Seelenanteil ist integriert und geheilt, sobald wir den damit verbundenen Schmerz haben abfließen lassen und wieder im Frieden mit diesem Anteil sind. Dann haben wir ihn sanft angenommen und müssen nicht mehr »auf die harte Tour« erfahren, dass dieser uns fehlt.

Welche Seelenanteile hast du durch das Ereignis verloren?

Wenn deine Antwort »Machtlosigkeit« wäre, also dass du Machtlosigkeit ablehnst, dann bist du in deinem Leben wohl gern in der Machtposition und hast dein Umfeld und dein Leben gern »im Griff«.

Höchstwahrscheinlich ist es so, dass du in deiner Kindheit oder in einem früheren Leben diese Machtlosigkeit abgelehnt hast. Vielleicht hast du deine Eltern beim Streiten beobachtet und dir gedacht, dass du niemals so machtlos sein möchtest, wie es damals dein Vater oder deine Mutter war. Oder aber du hast in einem früheren Leben deine Machtlosigkeit abgelehnt und bist so mehr in die Kontrolle gekommen.

Um *ganz* zu werden, brauchst du *beide* Anteile. In der Übung stellst du zwei Stühle auf, ungefähr einen Meter voneinander entfernt, sodass sich die Personen, die darauf sitzen, gegenseitig anschauen.

Setze dich nun auf den einen Stuhl und stelle dir vor, dass auf dem anderen Stuhl ebenfalls du sitzen würdest – und zwar mit der Energie von Machtlosigkeit, der verletzte Anteil, der machtlose, der jetzt gerade irgendwie aufgegeben hat beziehungsweise in der Vergangenheit aufgegeben hat und den du damals unterdrückt hast.

Wir alle bestehen aus sämtlichen Anteilen, fühlen uns mal machtlos, mal mächtig, mal abhängig, mal unabhängig, mal fleißig und mal faul. Das alles sind Sein-Zustände, die wir erfahren dürfen und von denen wir erleben dürfen, wie sie sich anfühlen. Unsere Aufgabe besteht darin, diese bewusst wahrzunehmen (»Aha, so fühlt sich Machtlosigkeit an«), dies anzunehmen und durch uns durchfließen zu lassen. Wenn du dir vorstellst, dass dir dein macht- und energieloser Anteil gegenübersitzt, den du bisher abgelehnt hast, wirst du im ersten Moment wahrscheinlich Ablehnung spüren. Ich lade dich aber dazu ein, diese durchfließen zu lassen und in deine Kraft zu kommen. Präsenz, Energie, Emotion – sei sanft und fein zu dir. Frage dich: »Was braucht dieser machtlose Anteil?« Vielleicht ist es Verständnis, vielleicht möchte er dir etwas mitteilen oder umarmt werden. Komme dir selbst näher – und vor allem diesem Anteil.

Mit der Zeit kann es sein, dass du dir vorstellen kannst, dass du diesen Anteil in die Arme schließt und in dir aufnimmst, dass ihr eins werdet. Spannend: Ab diesem Zeitpunkt würdest du weniger Menschen und Situationen in dein Leben ziehen, die dir etwa die Machtlosigkeit spiegeln, weil du dies nicht mehr »brauchst«, um dich auf den unterdrückten Anteil aufmerksam zu machen. Die Menschen werden dir nicht mehr so auffallen oder dich triggern, weil du nun mit diesem Anteil im Frieden lebst.

Du kannst diese Übung mit allen Anteilen machen, die du irgendwann mal abgelehnt hast. Wenn du mehr darüber wissen möchtest, wie man Seelenanteile integriert, empfehle ich dir mein erstes Buch »Lass das Gestern nicht dein Heute bestimmen«. Du findest darin viele Tipps, Geschichten und Techniken, mit denen du weitere Heilarbeit verrichten kannst.

Übung: Das Vergebungsritual – unbewusste Seelenanteile zurücktauschen

Die bewussten Seelenanteile kannst du mit der vorangegangenen Übung zurückholen. Es gibt aber auch Anteile, die uns nicht bewusst sind. Auch diese dürfen zurückgeholt werden, damit du Frieden findest und jegliche Fremdenergie aus deinem System entlässt.

Diese Übung ist aufgrund ihrer Effektivität sehr stark. Ich habe sie Dutzende Male mit Klientinnen durchgeführt und jedes Mal entpuppte sie sich als »Superkraft«. Sie wird empfohlen, wenn du nicht loslassen kannst oder merkst, dass ungeklärte Dinge im Raume stehen. Auch dann, wenn du dich noch in der Phase der Verurteilung befindest oder zwischen deinem Partner und dir eine »Mauer« entstanden ist, kann diese Übung Wunder wirken. Natürlich hilft sie auch, wenn du der Person, die dich verletzt hat, nicht vergeben kannst oder jedes Mal, wenn du an sie denkst, Wut oder Angst hochkommen.

Das Ziel ist, die Energien zu klären, damit eine gesunde Abgrenzung entsteht und du frei von Altlasten werden kannst. Du möchtest auf eine neutrale Ebene zurückkommen, idealerweise mehr Herzverbindung aufbauen.

Stelle zwei Stühle gegenüber voneinander auf; auf dem einen sitzt du, auf dem anderen die andere Person, die du dir vorstellst. Im ersten Schritt stellst du dir die Person vor, wie sie aussieht, wie sie sitzt, wie sie dich anschaut – und so weiter.

Du schaust auch, wie du dich in ihrer Gegenwart fühlst. Ich empfehle in den meisten Fällen, als Vorbereitung die Übung der »liegenden Acht« zu machen, bevor die unbewussten Seelenanteile zurückgeholt werden. Diese ist essenziell, um ein wenig Abgrenzung hineinzubringen. Sie wird oft in der Kinesiologie benutzt, aber auch in anderen spirituellen oder psychologischen Richtungen. Sie hilft dabei, die Energien, die bei einer ungesunden Abgrenzung hin- und herfließen, sowie das Ungleichgewicht im Raum, den man einnimmt, wieder auszugleichen. Nimmt der eine Partner zu viel vom anderen oder ergreift er zu viel Raum, hat er mehr Energie (und eben mehr Raum) – und der andere zu wenig für sich selbst. Die Übung der »liegenden Acht« hilft dabei, diesen Raum auszugleichen und die Energien zu trennen, sodass beide Partner ihre Energie zurückbekommen.

Das Ziel der Vorbereitungsübung ist es, die Energie zu trennen und den eigenen Raum für sich selbst einzunehmen. Sie wird in dem Moment empfohlen, in dem ein Ungleichgewicht in Bezug auf den eingenommenen Raum empfunden wird. Das kann zwischen zwei Menschen passieren oder zwischen mehreren Menschen einer Gruppe. Auch im Beruf kann das vorkommen.

Die Übung der »liegenden Acht« sollte im Stehen vollzogen werden. Stelle dir vor, du würdest vor der Person stehen, auf die du dich beziehst. Du stehst circa einen Meter entfernt mit dem Gesicht zu ihr und spürst in dich hinein. Wie fühlt es sich an? Vielleicht nimmst du intuitiv wahr, wie sich die andere Person fühlt. Lasse die Spannung los und atme tief, entspanne dich.

Im nächsten Schritt stellst du dir eine liegende Acht vor, wie ein Unendlichkeitszeichen. Du fährst mental die Ränder der Acht entlang. Du befindest dich in dem einen Halbkreis, die andere Person in dem anderen. Lasse das Bild fließen und erkenne, wie ihr beide in eurem Raum seid – und doch, innerhalb der Acht, miteinander verbunden.

Ist der Wunsch nach Abgrenzung sehr stark, kannst du dir auch vorstellen, dass die Acht entzweibricht, ihr aber weiterhin in eurem eigenen geschlossenen Kreis steht.

Bei tiefsitzenden Themen wirkt die Übung nur bedingt. Sie wird helfen – aber es kann sein, dass noch weitreichendere Dinge dahinterstecken. Es ist gut, die Übung zu machen, aber sinnvoll, als Unterstützung zusätzliche Methoden zu finden, mit denen Grenzüberschreitungen gelöst werden können. Bei einfachen oder mittleren Themen kann es gut funktionieren. Diese Übung hilft beispielsweise bei Abgrenzungsthemen mit dem Chef, Partner, Freunden oder Eltern. Du kannst dir aber auch deinen Arbeitsplatz vorstellen und, durch die Übung der »liegenden Acht«, dich besser von der Arbeit abgrenzen.

Jetzt sind die Voraussetzungen gegeben, um das Vergebungsritual durchzuführen. Frage dich: Hattet ihr jemals eine intensive Interaktion miteinander, gerade auf energetischer Ebene (und die ist im Prinzip in alle Interaktionen involviert)? Tragt ihr noch Seelenanteile vom jeweils anderen in euch? Bevor diese nicht zurückgetauscht wurden, ist die Vergebung erschwert.

Tausche die Seelenanteile zurück, um danach in die Vergebung zu gehen.

Im ersten Schritt bittest du die Person, dir deine Seelenanteile zurückzugeben, die sie noch in sich trägt. Sprich das laut aus: »Liebe/r XYZ, bitte gib mir meine Seelenanteile zurück, die du noch bei dir hast!« Anschließend bist du präsent, öffnest dich und konzentrierst dich auf deinen Atem. Nimm wahr, wie die Energie zu dir zurückfließt.

Die meisten meiner Klientinnen nehmen das tatsächlich wahr, auch wenn sie noch nicht geübt sind, was ich spannend finde – ich empfehle dir, präsent zu sein und zu spüren, wie der Energiefluss zu dir zurückkommt, bevor er abnimmt.

Nimm wahr, wie du dich fühlst, nachdem die Energie zurückgeflossen ist.

Der zweite Schritt besteht darin, die Seelenanteile zurückzugeben, die du noch bei dir trägst:»Liebe/r XYZ, ich gebe dir nun deine Seelenanteile zurück, die ich noch bei mir habe!«

Lasse die Energie, die zu der Person gehört, zu ihr zurückfließen, ihre Seelenanteile im Speziellen, und nimm wahr, wie es sich für dich anfühlt. Wie viel fließt zurück? Falls du nicht viel spürst, ist das nicht schlimm; warte, bis du das Gefühl hast, dass die Energie vollständig an die andere Person geflossen ist. Halte auch hier inne und nimm wahr, wie sich deine Energie verändert hat. Die meisten fühlen Frieden in sich und sind entspannter. Nimm wahr, wie du dich der Person gegenüber fühlst; geh nicht in die Bewertung, sondern spüre den neuen energetischen Zustand.

Im dritten Schritt geht es um die Vergebung. Sprich Folgendes laut aus:»Liebe/r XYZ, ich vergebe dir für das, was du mir in diesem und in früheren Leben angetan hast.«

Sicher kannst du es auch umformulieren, sinngemäß sollte es aber gleich bleiben. Sprich es klar aus, laut und deutlich. Anschließend spürst du nach und lässt alles wirken. Nimm dir die Zeit. Wichtig ist, dass du es nicht nur mit dem Kopf machst, sondern mit deinem Herzen verbunden bist. Wenn du vergibst, befreist du im Endeffekt dich selbst, lässt die Vergangenheit los und kannst im Jetzt etwas Neues aufbauen, frei von dieser Altlast.

Im vierten Schritt bittest du die andere Person um Vergebung und sprichst laut aus:»Liebe/r XYZ, ich bitte dich, mir für das zu vergeben, was ich dir in diesem und in früheren Leben angetan habe.«

Auch das lässt du nachwirken und nimmst dir Zeit. Pass bitte bei diesem Satz auf mit eventuellen Gedanken wie etwa, dass du verletzt wurdest und»das Opfer« bist und weshalb du dann um Vergebung bitten solltest. Sei dir bewusst, dass uns vieles aus früheren Leben verborgen bleibt und es einen tieferen Grund hat, weshalb genau du und diese Person in diese Geschichte verstrickt seid. Wenn du nun die Vergebung beiderseits einleiten kannst, kann sich die Verstrickung lösen und du bist frei.

Im letzten und fünften Schritt geht es um die Selbstvergebung. Halte deine Hände aufs Herz und sage laut:»Ich vergebe mir für das, was ich XYZ und mir in diesem und in früheren Leben angetan habe.«

Lass es auch hier einige Zeit nachwirken. Spüre, wie es sich anfühlt, und prüfe, ob du noch eine weitere Wurzelübung (Stabilisierungswerkzeug 5) brauchst oder eine »liegende Acht« (oder eine Atemübung), um ganz in deiner Mitte anzukommen.

Zum Schluss verabschiedest du dich von der Person und stellst ihren Stuhl weg – als Zeichen dafür, dass die Person gegangen ist. Du selbst setzt dich noch einen Moment hin und lässt die Übung nachwirken. Danach stellst du deinen Stuhl weg und die Übung ist beendet.

Bleibe offen, lass den Energiestrom fließen. Du kannst alle Sätze laut aussprechen, weil es dann eine noch eindringlichere Wirkung entfaltet. Nimm dir die Zeit, damit sich die Energie neu setzen kann und ins Fließen kommt.

Achte aber auch darauf, dass du es auf der Herzebene machst und nicht aus einer Wut oder aus dem Kopf heraus.

Führe die Übung immer dann aus, wenn du merkst, dass du nicht von jemandem loskommst, oder wenn du aus dem Gleichgewicht gerätst, sobald du eine bestimmte Person siehst. Außerdem ist die Übung empfohlen, wenn zwischen dir und deinem Partner eine Distanz herrscht und ihr nicht auf einen »grünen Zweig« kommt. Diese Übung kann auch sehr unterstützend sein, wenn Verletzungen und Ungeklärtes aus der Kindheit ans Licht kommen und du beispielsweise die

Beziehung zu deinen Eltern oder anderen Familienmitgliedern klären und heilen möchtest.

Übung: Wut und Worte – alles rauslassen!

Im Moment des traumatisierenden Ereignisses konnten wir nicht das sagen, was wir wollten, die Emotion, die wir hatten, konnte nicht zum Ausdruck kommen. Vielleicht konnten wir nicht widersprechen, als daheim Witze über Frauen gemacht wurden, oder wir waren in einer Gruppe unterwegs, in der einige Gruppenmitglieder nicht gut behandelt wurden. Wir fühlten uns nicht mutig genug, einzuschreiten und dem Aggressor die Grenzen aufzuzeigen – und schämen uns dafür.

Die Worte, die uns damals auf der Zunge lagen, und die Handlungen, die wir gern ausgeübt hätten, waren »eingefroren«, weil wir sie nicht ausgelebt haben. In dieser Technik lade ich dich dazu ein, sie nachträglich rauszulassen.

Betritt gedanklich erneut die kritische und anstrengende Situation. Fühle, was in dem kritischen Moment in dir vorgegangen ist. Was hättest du am liebsten getan? Hättest du dich gern gewehrt, etwas gesagt oder wärst gern aufgestanden und gegangen?

Stell dir vor, dass du das so getan hättest. Du wärst aufgestanden und hättest die Person angeschrien: »Lass das! Lass mich/sie/ihn in Ruhe!« – oder ähnlich.

Vielleicht hättest du dich auch mit Händen und Füßen wehren oder eine andere Person schützen wollen – stell dir auch das vor. Du kamst dir wie gelähmt vor – aber kannst es jetzt erneut durchfühlen und dir vorstellen, wie du die Person beispielsweise zur Seite stößt und wegrennst. Es kann sein, dass du im ersten Moment noch immer eine Blockade oder einen »Kloß im Hals« spürst. Lasse all das durchfließen und erlöse dich von dieser Starre. Danach setzt du das um, was du damals gern gemacht hättest.

Du kannst es auch mit physischen Bewegungen untermalen, also etwa deinen Arm ausstrecken oder dir mit deinem Ellbogen links und rechts Platz verschaffen. Sprich aus, was ausgesprochen werden möchte, und lass die Energie fließen, die in deinem Körper gestaut war – jetzt ist die Zeit, dich zu befreien!

Übung: Abschiedsbrief

In einem Abschiedsbrief kannst du die Situation schildern, die dich traumatisiert hat.

Schreibe an die Person, die damals deine Emotionen hat anstauen lassen, auch dann, wenn sie es unabsichtlich getan hat. Schreibe den Brief voller Emotion und adressiere ihn direkt an den Verursacher. Beschreibe, was in dir vorging und bis heute in dir vorgeht. Erzähle der Person alles und konfrontiere sie mit den Auswirkungen ihrer Handlung.

Den Brief schickst du nicht ab. Du kannst ihn anschließend verbrennen oder zerreißen und wegwerfen oder vergraben; das hilft beim Loslassen dieser alten Geschichte und der damit assoziierten Emotionen.

Für die Ausführung der nächsten beiden Techniken empfehle ich dir das Hinzuziehen einer Fachperson, die dich unterstützt.

Übung: Cords lösen

Toxische Verbindungen, auch »Cords« genannt, entstehen täglich, allein schon, wenn Erwartungen an andere Personen gerichtet werden. Wir sind dann nicht frei, sondern auf potenziell toxische Weise mit der anderen Person verbunden; ein Cord repräsentiert immer auch eine Abhängigkeit, zu unserem Partner etwa, unserem Ex-Partner oder unseren Elternteilen, wenn wir glauben, nicht ohne sie leben zu können, oder wenn wir ihnen für etwas nicht vergeben wollen.

Alles, was wir brauchen, tragen wir in uns – und viele der Cords bringen uns in Abhängigkeiten, die gar nicht da sein müssten. Cords entstehen auch nach schwierigen Situationen. Wir sagen Sätze wie:»Durch das Ereignis mit dieser Person ist mein Leben zerstört« – und dann wurde wieder ein Cord gespannt. Umgekehrt geschieht es womöglich auch, dass sich diese Person mächtig oder schuldig fühlt und einen Cord zu uns spannt.

Wir sind nicht frei von Cords – und diese dürfen durchschnitten werden. Viele Verknüpfungen lassen sich mit dem Seelenanteil- und Vergebungsritual lösen, aber manchmal sitzen sie so tief, dass es hilfreich sein kann, Sitzungen mit einem Schamanen in Erwägung zu ziehen, der die Cords auf tiefgründiger energetischer Ebene lösen kann.

Übung: Reinkarnation

Hast du dich schon mal damit befasst, was in deinen früheren Leben passiert ist?

Die Erkenntnisse können nicht nur spannend und lehrreich sein, sondern Themen auflösen, die in diesen vorherigen Leben gelegt wurden und die du mit in dein jetziges Leben übernommen hast. Frühere Leben haben sich natürlich in früheren Zeiten abgespielt und in diesen Zeiten war die Stellung der Frau eine andere als heutzutage; ich habe das auf den ersten Seiten dieses Buches historisch eingeordnet. Es ist also wahrscheinlich, dass in deinen vorherigen Leben Themen gesetzt wurden, die mit jener Stellung der Frau in der Gesellschaft zu tun haben.

Was auch aus den früheren Leben mitgebracht wird, sind Ängste, Wut, Glaubenssätze und toxische Verstrickungen mit anderen Personen. Wenn wir beispielsweise in einem (oder mehreren) früheren Leben eine Liebesbeziehung zu jemandem hatten und dieser durch äußere Umstände (wie etwa Krieg) von uns getrennt wurde, werden wir wahrscheinlich in diesem Leben ebenfalls Verluste erleben. Somit wird die Verlustangst wieder ins Bewusstsein geholt und kann in die Heilung kommen. Natürlich haben wir auch schöne Dinge in früheren Inkarnationen erlebt, diese haften jedoch nicht so stark an, wenn wir uns nicht daran klammern. Sie zeigen sich eher, indem wir uns aus »unerklärlichen« Gründen zu einem Ort, einem Menschen, einer Tätigkeit (etwa Malen oder Tanzen) oder einer »Wissensrichtung« (zum Beispiel Medizin oder Schamanismus) hingezogen fühlen.

Oft ist es aber auch so, dass wir in diesem Leben eine unerklärliche Angst haben, von der wir nicht wissen, woher sie kommt. Diese kann aus einem solchen Erlebnis in einer früheren Inkarnation stammen. Es kann auch sein, dass wir in einem früheren Leben eine bestimmte Person verletzt oder hintergangen haben oder über ihre Grenzen gegangen sind und dies damals nicht geklärt oder wiedergutgemacht haben. Vielleicht haben wir auch die Perspektive des Opfers damals nicht verstanden und es war uns egal, wie es der anderen Person dabei ging, weil wir so sehr in unserer eigenen Wut oder im eigenen Machtgefühl gefangen waren. Nun geschieht uns in diesem Leben ungefähr dasselbe, jedoch erleben wir es aus der Opferperspektive. In dem Moment, in dem wir das erkennen und die Geschichte aus höherer Sicht betrachten und annehmen, kann viel Heilung entstehen.

Ich selbst bin anfangs zu Therapeuten gegangen, die mir mittels Hypnose einen Einblick in diese verborgenen, aber für meine Heilung essenziellen früheren Leben ermöglicht haben; später konnte ich ohne fremde Hilfe in diese Erfahrungen eintauchen. Mittlerweile habe ich mindestens 70–80 meiner früheren Leben gesehen und für mich in die Heilung bringen können. Für mich ist diese Methode unabdingbar in der Aufarbeitung tiefgründiger Geschichten. Ich wende sie regelmäßig an, vor allem wenn die Themen nicht ganz durch die Aufarbeitung der Dinge in diesem Leben geheilt werden können. Wenn jemand offen dafür ist, kann es auch schneller und einfacher gehen, wenn eine tiefgründige Reinkarnationshypnose gemacht wird und die richtigen Techniken angewandt werden, um das zu lösen, was hochgekommen ist.

Zu diesem Zweck empfehle ich dir den Gang zu einem Reinkarnationshypnosetherapeuten, der dir helfen kann, diese toxischen Verbindungen zu ergründen und aufzulösen.

Im Endeffekt geht es immer um Bewusstseinserweiterung. Es geht darum, mehrere Perspektiven (wie etwa Opfer und Täter) zu erfahren, zu heilen, um dadurch in deine Mitte zu kommen. Auf diese Weise ist dein Bewusstsein sowohl um die Perspektive der Verletzungen als auch um deren Heilung erweitert.

Zudem darfst du erkennen, dass wir hier auf der Erde auf einer Reise sind und viele Erfahrungen machen, schöne, intensive, aber auch schmerzhafte. Wir sind jedoch nicht unsere Erfahrungen, wir machen Erfahrungen, und diese können uns in einer Illusion verhaftet lassen, dass wir zum Beispiel Opfer und es nicht wert sind, geliebt zu werden. Das stimmt jedoch nicht. Wir haben einfach diese Erfahrung gemacht, sie als wahrhaftig empfunden und können sie nun loslassen, sei es in diesem oder in früheren Leben.

Es gibt oft alte Geschichten aus früheren Leben, die in deiner Seele verhaftet sind, und diese hat sich ausgesucht, dass wir einige davon in unserem jetzigen Leben nicht noch einmal erleben, sofern wir sie vorher lösen, auf diese Ereignisse aber durchaus hingewiesen werden. Wenn wir wach genug sind, können wir die Zeichen schon vorher deuten, dass da etwas Größeres gelöst werden möchte.

Bei mir persönlich habe ich als Kind und Jugendliche alles Mögliche am eigenen Leib erfahren und durfte es auch später in die Heilung bringen. Aktuell bin ich achtsam und bewusst unterwegs, dass mich zum Beispiel schon ein Wort, ein Satz oder eine Begegnung mit jemandem so triggern kann, dass ich klar spüre, dass da etwas Größeres dahintersteckt. Dann nehme ich mir die Zeit und tauche ein; manchmal ist es etwas in diesem Leben, was noch geheilt werden möchte, oftmals ist es aber etwas aus einem früheren Leben. Es wurden bei mir schon durch ein Wort oder eine kurze Begegnung riesige Themen hochgeholt und gelöst. Das Gute dabei war: Da ich sie sofort in der Tiefe gelöst habe, musste mich das Leben nicht mit einem Drama oder einem schmerzhaften Ereignis darauf hinweisen.

Wichtig ist zu wissen, dass ich nicht permanent angespannt durchs Leben laufe und nur nach solchen Dingen suche. Ganz im Gegenteil; ich bin entspannt und bewusst in meiner Kraft und mit mir verbunden, sodass ich mich einfach sehr gut spüre und meiner Intuition und Sensitivität folgen kann.

Man könnte es als Schutz bezeichnen, nicht noch einmal das Gleiche erleben zu müssen, und es ist als große Bewusstseinserweiterung zu erkennen, dass wir nicht nur in diesem Leben auf der Welt sind, sondern unsere Seele in früheren Leben Narben gebildet hat.

Bei vielen meiner Klientinnen und auch bei mir haben Inkarnationshypnosen viel bewirken können. Wir konnten viel auflösen und uns auf eine erweiterte Weltsicht einlassen. Ich selbst bin so fasziniert von dieser effektiven Methode, dass ich sie niemals missen wollen würde. Wichtig ist, darauf zu achten, dass die Themen nicht nur hochgeholt, sondern auch transformiert werden – mittels Techniken der Energiearbeit, Vergebungsritual, Cords lösen und Ähnlichem.

Falls du offen dafür bist, finde einen Therapeuten, der eine Inkarnationsschau mit Hypnosen verbindet. Oft lässt sich in nur einer Sitzung schon viel lösen.

Kombinationsbeispiele

Die in diesem Kapitel vorgestellten Techniken lassen sich untereinander kombinieren – und natürlich auch mit vielen weiteren Techniken verbinden und verknüpfen.

Ein Beispiel dazu:»Wut und Worte – alles rauslassen« lässt sich wunderbar mit der»Durch die Story durch«-Technik kombinieren, indem du die Story schrittweise durchgehst und bei konfliktreichen Momenten die entsprechenden Bewegungen machst.

Oder aber du verknüpfst das»Täter-Opfer-Retter-Dreieck« mit der»Überschreibung der mentalen Glaubenssätze« – vielleicht auch in Kombination mit der»Aura-Schutz-Abgrenzung«.

Es geht nicht darum, besonders kreativ zu sein, sondern in die Übungen hineinzufühlen und zu ermitteln, welche sich möglichst positiv auf dich auswirken.

KAPITEL 5

Wieder aufblühen
und die Weiblichkeit leben

E s ist Zeit für die Heilung der Weiblichkeit! Wie im ersten Kapitel angerissen, fand in den letzten Jahrtausenden eine Unterdrückung der Weiblichkeit statt. Immerzu wurde und wird immer noch das Männliche vorgezogen und die meisten unserer Werte und unsere soziale Ordnung orientierten sich an dem, was für Männer relevant und wichtig war. Es entwickelten sich patriarchale Strukturen, die auf den Verstand, die Intelligenz, das Lösen von Problemen und die Planung ausgerichtet waren. Dieses Übergewicht war nicht gänzlich schlecht, jedoch unausgewogen, weil es die weibliche Seite vernachlässigte. Intuition, Emotion, Feinfühligkeit und weitere Eigenschaften sind für ein rundes Gesamtergebnis von enormer Bedeutung.

Jetzt ist die Zeit gekommen, in der wir Heilung in das Weibliche hineinbringen wollen, in das Weibliche der Frauen, aber auch in die entsprechenden Anteile der Männer, sodass in Zukunft eine Balance zwischen der männlichen und weiblichen Energie entsteht. Im Großen wie im Kleinen ist eine erfüllende und leidenschaftliche Zusammenkunft nur dann möglich, wenn sich beide Seiten achten und einander bedingen können.

In diesem Kapitel zeige ich auf, was eine geheilte Weiblichkeit für positive Auswirkungen auf unterschiedliche Lebensbereiche hat. Außerdem führe ich Beispiele aus dem echten Leben an, von mir selbst und meinen lieben Klientinnen, mit denen ich motivieren und zeigen möchte, wie viel besser das Leben sein kann, wenn wir uns dazu entschieden haben, unsere Themen aufzuarbeiten.

Weiblichkeit aufleben und aufblühen lassen

Wenn eine Frau ihre weibliche Energie und die weiblichen Attribute aufleben lässt, gerät sie in einen Flow-Zustand, in dem sie sich mit dem großen Ganzen und sich selbst verbunden fühlt. Sie kann intuitiver Sachen entscheiden und spürt rasch, ob sie bei Weggabelungen »Ja« oder »Nein« sagen sollte. Es ist ein harmonisches Fließen, das ihr einen klaren Blick auf ihre Bedürfnisse ermöglicht und das sie befähigt, auf diese eingehen zu können. Sie spürt die Interessen anderer Menschen und kann, wenn es sich richtig anfühlt, ihren Beitrag dazu leisten, dass diese gestillt werden, indem sie auf sie eingeht, für sie da ist, ihnen zuhört.

Eine Frau, die ihre Weiblichkeit geheilt hat, spürt aber auch ihre inneren Zyklen, die ihr vorgeben, wann sie arbeiten, essen, ruhen und schlafen sollte. Auf diese Weise kann sie sich ein Stück vom »Befehl« ihres Arbeitgebers (oder ihrer Kunden) lösen und ihre eigene Struktur kreieren. Vielleicht entspricht der Arbeitsbeginn um acht Uhr morgens ihrem Rhythmus, vielleicht aber auch erst um elf Uhr vormittags, wenn ihr zirkadianer Rhythmus anders funktioniert.

Mit der Heilung der Weiblichkeit wird dieser Rhythmus gefühlt und sie kann sich unter Berücksichtigung der Mondphasen mehr mit ihrer Intuition verbinden. Alles ist fließender, natürlicher – und das Leben ist weniger verkrampft, da das Krampfhafte oft dadurch entsteht, dass unsere äußeren Handlungen nicht mit der inneren Haltung übereinstimmen. »Mit dem Kopf durch die Wand« muss nicht immer falsch sein – ist aber im Kern eine männliche Idee, die wir reflektieren und gezielt einsetzen dürfen.

Vertrauen und Urvertrauen

Wenn eine Frau ihre (oder ein Mann seine) weiblichen Anteile mehr und mehr geheilt hat, verbindet sie oder er sich wieder mehr mit dem Urvertrauen, also dem Vertrauen darin, dass alles gut ausgehen wird hinsichtlich der Welt und des Universums – auch universelles Vertrauen genannt. Die Person kommt bei sich an und hat das tief verankerte und verwurzelte Urvertrauen integriert.

Das wiederum ist im Großen wie im Kleinen von Vorteil, wenn es Konflikte innerhalb der Familie gibt, oder auch bei globalen Krisen oder Naturkatastrophen. Wenn eine Frau ihre Weiblichkeit geheilt hat, spürt sie, dass es ihre Aufgabe ist, die Energie zu halten. Oder sie spürt, dass sie etwas anderes tun sollte, verbleibt aber im Urvertrauen, hält die Energie hoch und stabilisiert dadurch die ganze Familie.

Ihr Urvertrauen kann sich auf andere auswirken, auch innerhalb der Nachbarschaft oder des Berufs. Wenn eine Frau tief mit ihrem Urvertrauen verbunden ist, wirkt sich das auf vielen Ebenen positiv auf ihr Umfeld aus.

Selbstliebe

Wenn eine Frau ihre Wunden geheilt hat, befindet sie sich in Selbstliebe. Sie hat ihre Selbst-Verurteilungen überwunden, den inneren und äußeren Missbrauch verarbeitet und gelernt, dass sie ihre Bedürfnisse nicht unterdrücken sollte. In Selbstliebe geht eine Frau anders mit sich um, erkennt voller Liebe ihre Bedürfnisse. Wenn sie müde ist, arbeitet sie nicht weiter, sondern findet eine andere konstruktive Lösung.

Überhaupt ist ihr Verhalten konstruktiver, weil sie an erster Stelle schaut, dass es ihr gut geht. Wie schon im ersten Kapitel dieses Buches beschrieben, gibt es Völker, auf Hawaii etwa, die verstanden haben, dass es der ganzen Familie gut geht, wenn es der Frau gut geht. Wenn die Frau also mehr in ihre Selbstliebe kommt, trägt sie diese positive Energie nicht nur für sich selbst, sondern für ihr Umfeld mit, völlig automatisch, ohne dass sie dafür zusätzlichen Aufwand betreiben müsste.

Oftmals, wenn Frauen missbraucht wurden oder ihren Raum nicht bekommen haben, können sie nicht aus vollem Herzen lieben, oder nur teilweise, weil ein Teil ihres Herzens noch in dem Schmerz gefangen ist. Ist das Herz dann geheilt, ist es voller Liebe und die Frau kann das in ihr Umfeld strahlen; wenn sie eine Lehrerin ist, bekommen die Kinder viel Liebe, oder wenn sie eine Therapeutin ist (oder Masseurin oder Ähnliches), strahlt sie Liebe aus und fühlt sich dadurch selbst erfüllt von dieser eigenen inneren Liebe.

Diese Liebe war immer da, jedoch von den Missbräuchen und emotionalen Schmerzen verschüttet. Natürlich kann die Frau diese Liebe auch in einer tiefgründigen Liebesbeziehung ausleben und dem Partner viel Liebe geben, was ihn wiederum nährt. Und wenn sie ein Kind auf die Welt bringt, erhält dieses natürlich auch viel Liebe.

Nähren

Eine geheilte Frau kann ihr Umfeld mit Aufmerksamkeit und Liebe nähren, mit Empathie und *Dasein*. Zunächst aber geht es um das Nähren von sich selbst und um Selbstliebe. Wenn eine Frau mit sich in Harmonie ist, hat sie viel zu geben, was wiederum andere energetisch **nährt**, auf Herzebene.

Dazu kommt, dass eine Frau, die ihre Themen behandelt hat und heilen konnte, wahrscheinlich ihre eigenen Heil-Fähigkeiten freigesetzt hat.

Diese Heil-Fähigkeiten trägt jede in sich, doch den meisten Menschen bleiben sie unter einer Schicht von Traumata oder anderen Blockaden, die aufgrund schwieriger Erfahrungen entstanden sind, verborgen. Es geht beim Heilen weniger um Kräuter und Arznei, sondern um Zuhören, Umarmungen,

Dasein, Empathie und Verständnis. Wichtig ist, dass der Heilende zuerst sich selbst heilen sollte, bevor er auf andere zugeht. Zwar kann man bereits vorher unterstützend wirken, aber innen drin gibt es noch nicht die notwendige geheilte Energie, der Liebe und Geborgenheit entspringen, sondern weiterhin Schmerz und Negativität. In anderen Worten: Durch die Heilung bestimmter Themen kann die geheilte Energie auf andere heilend wirken. Insgesamt ist mehr Heil-Energie vorhanden und kann so, schon allein durch das Präsentsein, heilend auf andere wirken. Wenn wir vorher bereits auf andere zugehen und heilend wirken möchten, ist das zwar eine schöne Geste und sicherlich schon hilfreich, jedoch wirkt das nur so tief, wie unsere eigene Heilung vorangeschritten ist, vor allem wenn wir beim Heilen nicht ganz mit dem Herzen verbunden sind. Dies wiederum ist umso mehr und tiefgründiger möglich, je mehr bei uns selbst geheilt wurde.

Nach der eigenen Heilung ist es möglich, die Heil-Energien auch für das Umfeld einzusetzen und mit Leichtigkeit fließen zu lassen.

Im Jetzt sein

Sobald eine Frau in ihre wahre Weiblichkeit kommt, ist sie stark im Hier und Jetzt, ohne zurückhaltende Widerstände und den Stress, den sie vor ihrer Heilung in sich getragen hat. Ihre Präsenz ist groß, ihre Anwesenheit wird **förmlich** gespürt. Dank der Selbstliebe kann sie gut auf sich eingehen und Widrigkeiten direkt ansprechen, statt sie in sich hineinzufressen oder Fluchttaktiken anzuwenden. Die Frau ist in der Lage, ihre Energie zu halten und hochzuhalten.

In der Krise zeigt sich das gut: Andere Frauen würden zusammenbrechen oder in eine Kampf-Energie gehen, während die geheilte Frau stark bleibt und weiß, dass Täler und Tiefen nicht gleich das Ende der Zeit bedeuten. Sie fühlt zwar Chaos, Stress und teilweise Angst, kann all das jedoch abfangen und konstruktiv umkehren. Sie hält die Energie und stabilisiert damit nicht nur sich selbst, sondern – erneut – ihr gesamtes Umfeld, wie ihre Familie, ihre Kinder oder ihre Mitstreiter. Das gilt auch für bestimmte Berufszweige, etwa dann, wenn sie als Lehrerin arbeitet und eine Klasse voller Kinder zu unterrichten hat. Oder aber, wenn sie Therapeutin ist und der männliche Anteil in ihr nach vorne drängt, sie aber weiß, dass sie auf den intuitiven weiblichen Anteil hören sollte. Dieser flüstert ihr zu, sie möge im Tempo ihrer Klientinnen arbeiten, damit diese ihre Emotionen durchfließen lassen können.

Die Sinnlichkeit

In der Sinnlichkeit geht es um das Fühlen, das Sein und Genießen. Wenn du deine alten Blockaden, Glaubenssätze und Verletzungen gelöst hast, können dein Genuss und dein Sein noch tiefer gehen, bis in jede Zelle hinein, und du wirst all das, was du erlebst und fühlst, noch intensiver wahrnehmen. Mit Sinnlichkeit ist nicht nur die Sexualität gemeint, sondern auch das, was du mit allen Sinnen gerade erlebst. Du darfst das tiefgründig genießen, etwa das Essen, den Wind, die Aussicht, den Klang einer Stimme, aber auch Tanz und Musik. Erlaube dir, diese Wahrnehmungen tiefer in dich sinken zu lassen, und du bist mehr verbunden mit dir und dem Universum.

Beispiele aus dem echten Leben

In diesem Abschnitt reiße ich die Geschichten von Frauen an, die ihre Weiblichkeit wiedergefunden haben und damit sehr glücklich geworden sind.

Sich selbst etwas erlauben und leben

Meine eigene Geschichte zeigt, dass ich viel heilen durfte, nicht nur Missbrauchsthemen, sondern auch andere Wunden, die es mir über viele Jahre hinweg nicht erlaubt haben, glücklich zu sein. Ich habe Gutes nicht zugelassen und schlechtere Alternativen vorgezogen.

Meine Intuition war glücklicherweise immer da, aber ich konnte sie nicht »übertragen« in andere Lebensbereiche, mir etwa erlauben, »Nein« zu sagen. Kontrolle war ein großes Thema, ich wollte Ziele erreichen und vorwärtskommen, und wenn mir das nicht gelang, weil ich das Gefühl hatte, nicht genug getan zu haben, war das nicht gut und ich machte noch mehr, statt liebevoll mit mir umzugehen. Es fehlte mir an substanzieller Selbstliebe.

Dank der Aufarbeitung all dieser Themen, zu denen ich auch die Kontrolle zähle, konnte ich meine emotionalen Schutzmauern fallen lassen und mich auch ohne diese sicher fühlen. Heute bin ich stark verbunden mit der Intuition und meinem Gefühl und spüre sofort, wenn sich emotional etwas in mir verändert. Ich nehme mir dann die Zeit und gehe sofort darauf ein. Flankierend meditiere ich jeden Morgen, gehe liebevoll auf Menschen ein, bin freundlich und empathisch. Das ist beruflich ein hohes Gut, wenn ich Kurse leite oder Einzelsitzungen durchführe, aber auch im Privaten immer wieder schön zu sehen, dass Menschen die Nähe zu mir suchen, weil ich offenbar etwas Positives ausstrahle.

Ich beschreibe all das, weil es früher nicht so war und ich der festen Überzeugung bin, dass jede das so schaffen kann. Ich fühle mich mittlerweile vollständig verbunden und angenommen, vertraue auf das, was kommt, und wenn ich mal müde bin, kann ich die Arbeit guten Gewissens ruhen lassen und entscheiden, dass ich mich schlafen lege oder Entspannungs-Yoga mache.

Meine Heil-Fähigkeiten nahmen zu, als ich meine Themen vollständig aufgearbeitet hatte. Ich habe es unter anderem daran gemerkt, dass mir die Organisation von Seminaren immer leichter fiel, insbesondere dann, wenn ich versuchte, einfach nur den Raum zu halten, statt die ganze Zeit energetisch für jede Einzelperson da zu sein, was ich vorher versucht hatte und was mir regelmäßig meine gesamte Energie abgezogen hatte. Auch bei Einzelsitzungen zeigten sich meine stärkeren Heil-Fähigkeiten: Viele meiner Klientinnen berichteten, dass sie sich schon nach dem Einstiegsgespräch besser fühlten, ohne dass wir überhaupt angefangen hatten, etwas zu lösen. Die Heilarbeit wirkte bei den Menschen, die wirklich bereit und offen waren, auch tiefgründiger und intensiver. Auch ich selbst konnte meine eigenen Themen einfacher und schneller heilen, mit viel weniger Anstrengung.

Schwierige Kindheit

Im zweiten Beispiel geht es um eine meiner Klientinnen, die ich bereits seit längerer Zeit therapeutisch begleiten darf. Auch sie hatte eine durchwachsene Kindheit: Sie wurde von ihren Eltern geschlagen, ihr Vater umarmte sie nie, die Mutter war nicht für sie da und ließ sie teilweise über Stunden hinweg schreien, statt sich um sie zu kümmern.

Trotzdem machte meine Klientin ihren Weg, mit Mühe und Not zwar, aber ihr Wille war stark. Als sie zu mir in die Sitzung kam, brachte sie zunächst ein anderes Thema mit. Nach nur wenigen Minuten schwenkten wir auf ihre Kindheit über und arbeiteten in dieser und den folgenden Sitzungen viel auf.

Vorher war sie in dem Männlichen, in der Leistung, sie *müsse* und *solle* jetzt. Damit hatte sie sich selbst erschöpft und ihre Emotionen übergangen. Außerdem kam sie in ihrer Beziehung nicht voran, weil sie dort entsprechende Muster lebte. Zu ihren Eltern hatte sie nach wie vor ein schwieriges Verhältnis, und jetzt, nach der Aufarbeitung, hat sie endlich einen wunderbaren Freund, mit dem sie verlobt ist. Außerdem hat sie ein Kind zur Welt gebracht, mit dem sie wunderbar im Weiblichen ist. Erst kürzlich traf ich sie und es hat mich gerührt, wie liebevoll sie mit dem Baby umgeht.

Beruflich macht sie weniger Überstunden und hat eine klare Grenze gezogen, damit ihre Grenzen nicht überschritten, sondern respektiert werden. Mit ihren Eltern konnte sie sich mehr aussöhnen, und auch mit ihrem Partner lief es stets besser.

Wir sehen: Durch die Aufarbeitung kann ein Mensch, der unter denkbar schlechten Bedingungen aufgewachsen ist, zu einer Persönlichkeit heranreifen, die nicht nur ihre eigenen Themen im Griff hat, sondern auch ein Vorbild für andere sein kann sowie eine liebende Partnerin und Mutter für ihre Liebsten.

Ganz früh schon fehlende Liebe

In meinem dritten Beispiel geht es um eine Klientin, deren Mutter sich prostituiert hat. Ihren richtigen Vater hatte sie nie kennengelernt. Als sie auf die Welt kam, wurde sie nie richtig umarmt, und generell fehlte viel von der elterlichen und mütterlichen Liebe. Sie kam bei einer Pflegefamilie unter, wurde jedoch in der Schule gemobbt und ging dann, so gut es ging, ihren Weg. Auch sie war von einem männlich-orientierten Überlebenswillen geprägt und damit nicht in der Tiefe glücklich.

Wir haben viel miteinander gearbeitet und sie ist ausgeglichen, meditiert täglich, hört auf ihre Intuition, fühlt sich gut und kann für sich selbst sprechen, indem sie Angebote annimmt oder ablehnt. Auch kann sie die Energie halten.

Langsam bekommt sie auch zu ihrer Mutter ein besseres Verhältnis und spürt tiefe Freude und Liebe und das Vertrauen in sich und in die Welt und ins Universum. Und so wie es aussieht, hat sie jetzt auch jemanden kennengelernt und spürt dort viel Herzens- und Seelenliebe.

Einfluss der geheilten weiblichen Energie auf verschiedene Lebensbereiche

In diesem Abschnitt schauen wir uns an, wie sich die geheilte weibliche Energie auf unterschiedliche Lebensbereiche auswirkt.

Arbeit und Berufliches

Die weibliche Energie kann im Beruf unterstützend wirken, beispielsweise die Intuition, das Fühlen, aber auch die Empathie. Was ist die beste Lösung, was die beste Option? Natürlich kann man das auch mit den männlichen Attributen durchdenken, den Verstand und die Intelligenz einsetzen; ideal wäre wohl eine Kombination. Wenn ein Projekt im Prozess und die Zeit noch nicht reif ist, das Produkt auf den Markt zu bringen, ist die weibliche Energie wichtig, um die Energie zu halten und zu stabilisieren. Die weibliche Intuition kann zudem auch herausspüren, wann der beste Moment ist, etwas zu tun.

Hier sehen wir auch wieder, wie die männliche Energie ergänzend wirkt; sie bringt das Projekt nach vorne und fungiert zielorientiert. Das Weibliche manifestiert die Ideen und bereitet den Boden; es braucht immer beides.

Das Weibliche spielt beim Betriebsklima eine Rolle. Wie liebevoll und empathisch gehen wir miteinander um? Reden wir auf angenehme Weise miteinander und kommt das Persönliche nicht zu kurz? In letzter Zeit bekomme ich vermehrt erzählt, dass einige Firmen am Anfang des Meetings ein sogenanntes »Check-in-Gespräch« führen, in dem jeder kurz erzählt, wie er sich fühlt und was er sich von diesem Meeting wünscht. Das zeigt, dass es auch im Außen einen Entwicklungsschritt gegeben hat und die weibliche Energie mehr Wertschätzung erhält. Natürlich geht es vorrangig um die sachbezogene Erledigung der Aufgaben, aber das Weibliche sorgt für Harmonie und Verbundenheit und den eigenen Tagesablauf. Wie ist der eigene zirkadiane Rhythmus? Wann bist du produktiv, wann solltest du eher eine Pause einlegen? Wer viele Pausen macht, muss am Ende des Tages nicht weniger geschafft haben als jemand, der weniger Pausen macht. Legst du die Pausen zur richtigen Zeit ein, kannst du produktiver sein als jemand, der ohne Pause durch- und sich damit überarbeitet. Vermutlich wirst du, wenn du Pausen einbaust, auch weniger Fehler machen. Die Kreativität und die neuen Ideen kommen meistens auch eher, wenn du ausgeglichen und entspannt bist. Es ist so, als wärst du mehr im Fluss und als zeigte sich die innere Balance im Außen, auch in dem, was du an einem Tag vollbracht hast.

Vermögen und Finanzen

Die weibliche Energie kann auch das Finanzielle unterstützen. Das Männliche kann Geld generieren, aber es fließt meist schnell wieder ab; das Weibliche ist dafür da, es beisammenzuhalten. Zudem ist Geld eine Form von Energie, und unser Umgang mit Geld und unser finanzieller Fluss (oder auch Ab- oder Zufluss) spiegelt den Umgang mit unserer Energie, ob dieser uns bewusst ist oder nicht.

Weibliche Energie hat zudem einen empfangenden Charakter, unterstützt also dabei, Geld überhaupt erst verdienen zu können. Das Weibliche sorgt dafür, dass das Geld intuitiv gut und sinnvoll investiert wird, weil die Intuition unterstützend wirkt und die innere Weisheit dafür genutzt werden kann.

Natürlich stößt das Weibliche auch einen Positivkreislauf an, wenn es um das Genießen geht; von dem verdienten Geld kaufen wir uns Dinge, die wir genießen können, ein Abendessen mit den Lieben oder materielle Güter, die uns auf unserem Weg bestätigen und wiederum positive Gefühle erzeugen.

Freundschaft und Familie

Auch auf der Ebene der Freundschaft und der Familie ist die weibliche Energie sehr unterstützend. Empathie, Hilfsbereitschaft, Kommunikation, Verbundenheit, Liebe, Selbstliebe – all das sind »klassisch« weiblich besetzte Begriffe. Mithilfe der weiblichen geheilten Energie lässt sich viel Positives in die

Freundschaft oder die Familienkonstellation bringen, und natürlich kannst du auch die Heilung der anderen unterstützen oder zumindest vereinfachen. Manchmal sind Freunde oder Bekannte noch nicht bereit dazu, ihre Themen anzuschauen, aber durch deine Heilung fühlen sie sich mitunter inspiriert oder motiviert, einen Schritt nach vorne zu gehen. Ich nenne das oft »Copy/Paste-System«: Ich strahle also aus, was andere in ihr Energie-System kopieren und einfügen können, oder aber, ich erzähle es sogar ganz direkt und gebe anderen damit die Möglichkeit, zu partizipieren und einen erleuchtenden »Aha-Moment« zu haben.

Natürlich bringt die weibliche Energie auch Positives in Liebesbeziehungen hinein: einerseits in der Liebe und der Verbundenheit, andererseits innerhalb der Sexualität, die intensiver gelebt werden kann. Es geht um Genießen, Spüren und Fühlen, aber auch um die Intuition, die Empathie, das tragende Element beispielsweise während einer Beziehungskrise. Auch hier gilt; wenn eine Partei die Energie hält, kann man die Krise gemeinsam einfacher durchstehen.

Die weibliche Energie ist also von Vorteil bei Konflikten, die männliche fließt mehr in das Klären hinein, in das Ausdiskutieren, in neue Lösungen. Es geht, wie immer, um die Balance.

Gesundheit

Auf der Ebene der Gesundheit ist die geballte weibliche Energie von Vorteil. Wenn wir viel in uns selbst geheilt und Emotionen in den Fluss gebracht haben, können wir Seelenanteile als integriert erachten und Stress weiter aus unserem Körper loslösen. Das alles hat einen positiven Effekt auf unser physisches Wohlbefinden, weil es keine Energieblockaden mehr gibt; die Energie fließt.

Wenn wir uns emotional heilen, hat das eine positive Auswirkung auf die Gesundheit, wir sind gesünder und weiblicher. Wenn wir erkrankt und in unserer weiblichen vertrauten Energie sind und unsere Selbstliebe und unsere heilenden Fähigkeiten aktiviert haben, ist es einfacher, zu gesunden.

Das erkenne ich an mir und meinen Klientinnen auch daran, dass wir nur ganz selten krank werden. Allein für die letzten sechs Jahre fällt mir nur eine Situation ein, in der ich tatsächlich krank war, also mehrere Tage im Bett verbracht oder sonstige Beschwerden gehabt hätte. Ansonsten stützt mich meine Energie und fängt vieles ab – und wenn ich müde bin, meditiere ich, lege mich früh schlafen und wache am nächsten Morgen vital und fit auf.

Spirituelles und Freizeit

Das Weibliche hat Einfluss auf die Freizeitbereiche, mit denen wir uns befassen. Einerseits gibt es das Geistige, das Spirituelle, das Bewusstsein. Wenn wir uns mit dem Spirituellen verbinden, nehmen wir mehr wahr, sind mehr mit der Natur verbunden und überhaupt mit allem, was uns wichtig ist. Außerdem können wir intuitiv Botschaften empfangen, die Medialität wird intensiver.

Wir spüren auch viel mehr; was ist das Richtige für mich? Was möchte ich in meiner Freizeit machen? Wir blühen in sämtlichen Bereichen auf, nicht nur in den weltlichen, sondern auch in den geistigen Sphären. Unsere Seele kann sich öffnen und wir können viel leichter all unsere Gaben leben und uns selbst und andere Menschen durch sie bereichern.

KAPITEL 6

Heilung der weiblichen Urkraft aus energetischer Perspektive

Alles ist Energie. Energie ist die Basis von allem, auch von unseren Emotionen und Gedanken. Unser Körper besteht aus Energie, Gegenständen – aber auch Situationen und Erlebnissen. Der Unterschied liegt in der Frequenz und der Dichte.

Jede kann es ausprobieren. Spüre in eine vergangene Situation hinein, die du ehemals genossen hast, und merke, dass du die Energie wieder fühlst. Genau so funktioniert es auch mit unschönen Situationen.

Wenn wir emotional reagieren, verändern sich unsere Energien. Vielleicht hattest du schon einmal einen tollen Start in den Tag, hast gut geschlafen, bist zur Arbeit gegangen, bis dahin war alles gut. Aber dann gab es ein kräftezehrendes Meeting mit dem Chef oder einem schwierigen Kunden, das dich aus der Bahn geworfen hat. Deine Energie veränderte sich, ein Teil deiner Energie schlug in die Schwingung von Wut oder Trauer um.

Lassen wir diese Erfahrung los und kommen bewusst in unsere Mitte, neutralisiert sich unser Energiefeld wieder. Schleppen wir diesen energetischen Zustand jedoch mit und verurteilen andere Menschen oder uns selbst oder verlieren das Vertrauen in unsere Fähigkeiten, speichern wir diesen Energiezustand und tragen ihn mit uns herum.

Wissenschaftlich gesehen ist Energie der Zusammenschluss aus Molekülen, die sich aus Atomen zusammensetzen, die wiederum aus Quanten bestehen, genau wie alles andere. Dabei sind die Quanten Bestandteile der kleinsten Teilchen (so der aktuelle Forschungsstand) und somit die Grundbasis der Energie und allem, was daraus besteht. Da auch unsere Gedanken und Emotionen aus Energie bestehen, ist es sinnvoll, dort anzusetzen, um zu heilen, statt nur über die Symptome zu reden.

Lassen wir eine schöne Erfahrung tiefer sinken und loben uns für unseren Erfolg (»Ich bin super, ich kann das!«), ist das zwar wünschenswert und hilfreich, um in unsere Kraft zu kommen, andererseits aber gefährlich, wenn wir unseren Selbstwert an äußere Erfolge knüpfen – denn daraus könnte die Überzeugung entstehen, dass man nur gut genug ist, wenn man dieses oder jenes tut. Wenn hingegen etwas nicht gelingt, könnte daraus folgen, dass man nicht gut genug ist. Solche Verzahnungen entstehen häufiger, als uns bewusst ist.

Es entsteht eine Abhängigkeit, die später gelöst werden sollte. Das Gleiche gilt für herausfordernde und schmerzhafte Erfahrungen. Wenn wir etwas Schmerzhaftes erleben und uns schwören, nie wieder zu lieben, uns zu öffnen oder zu vertrauen, unterdrücke ich damit meine Weiblichkeit und mache meinen inneren Seinszustand von dieser Erfahrung abhängig.

Wollen wir das?

Erfahrungen geben uns die Möglichkeit, die Perspektiven von Opfer und Täter zu erlangen. Wie ist es, verlassen zu werden? Wie ist es, wenn ich jemanden verlasse? Wie ist es, verletzt zu werden? Wie ist es, andere zu verletzen? Wie ist es, wenn ich ganz tief liebe und in dieser Verbundenheit bin? Wie ist es, wenn ich geliebt werde? Wir sind hier auf der Erde, um Erfahrungen zu sammeln und verschiedene Perspektiven zu erkennen. Es geht nicht darum, sich von diesen abhängig zu machen und an ihnen festzuhalten; vielmehr dürfen wir diese durchfließen lassen.

Am Ende sollen wir durch Erfahrungen wachsen und zu uns selbst werden, zu unserem inneren Kern kommen und unsere Essenz leben. Durch den Schmerz, aber auch durch schöne Erfahrungen, sodass wir heilen und unser Potenzial leben und die Welt bereichern.

Die Effekte dieser gespeicherten Erfahrungen (schön wie schmerzhaft) speichern wir in unserem Energiefeld als Energieblockaden, limitierende Glaubenssätze, gestaute Emotionen oder fehlende Seelenanteile. Es kann auch sein, dass wir »Fremdenergie« von jemandem aufgenommen haben, also von der Person, die uns verletzt hat. Sie ist in unser Energiefeld eingedrungen und wir haben es nicht vermocht, diese Fremdenergie zurückfließen zu lassen.

Es gibt verschiedene Ebenen der Betrachtung. Vieles lässt sich mit dem bloßen Auge nicht erkennen, gerade dann nicht, wenn wir neu auf diesem Gebiet sind oder in der Wahrnehmungsebene noch nicht geschult.

Die Medizin betrachtet den Körper rein auf der physischen Ebene, prüft die Moleküle, geht aber nicht weiter, wie etwa in die Quantenphysik. In der Medizin wird Gewebe operiert, was gut sein kann, aber es wird nicht geschaut, ob eine gestaute Emotion vorhanden ist. Es wird auch nicht als Möglichkeit betrachtet, dass jemand einen Herzinfarkt erleidet, weil er mit unterdrückten Emotionen oder emotionalen Verletzungen zu kämpfen hatte (»das verletzte Herz«).

Aus meiner Sicht muss Heilung mehrere Wahrnehmungsebenen *tiefer* ansetzen. Ich bin ausgebildete Psychologin und weiß, dass Gesprächs- und Verhaltenstherapien ihre Daseinsberechtigung und Anwendungsindikationen haben, aber meine Erfahrung zeigt mir, dass man mit Werkzeugen des Schamanismus und der Energiearbeit tiefer gehen und Probleme schneller, ursächlicher und effizienter lösen kann. Wir setzen an der Ursache an und reden nicht lediglich über die daraus entstandenen Symptome.

Die Emotionen müssen »in den Fluss« gebracht werden, erst dann kann sich, meiner Erfahrung nach, etwas *wirklich* lösen. Ansonsten kann es sein, dass sich der Hilfesuchende immer nur bis zu einem bestimmten Punkt seinem Partner gegenüber öffnet. Mit der Energiearbeit können wir in die Tiefe gehen und alles so weit lösen, dass wir nicht mehr wissen oder fühlen, was da genau passiert ist. Wir leben ganz normal, als ob nie was gewesen wäre. Wir sind sogar mehr in unserer Kraft, weiser und mehr mit unserem Herzen verbunden, da die Energiearbeit uns immer mehr mit uns selbst verbinden lässt.

Viele Menschen sagen zu mir, dass sie mir niemals angemerkt hätten, dass ich keine gute Kindheit hatte. Und ja – das ist klar für mich, weil ich meine Themen gelöst habe.

In diesem letzten Kapitel möchte ich mit Stichpunkten darauf eingehen. Es gibt viel Literatur über Chakren, Aura-Schichten und Möglichkeiten der Energiearbeit. Aber ich möchte dir einen kleinen Einblick in das Energie-System geben und wie man es therapeutisch wirklich gut nutzen kann, um dann noch mehr und auf einer tieferen Ebene zu heilen.

Ich werde eine Sichtweise des Energie-Systems skizzieren und zeigen, wie wir unsere Blockaden aufspüren, verstehen und lösen können.

Falls du dich für diesen Weg der Heilung entscheidest, empfehle ich dir zu Beginn, die Schritte mit einem Therapeuten zu gehen, mit jemandem, der dich entsprechend anleitet.

Später kannst du vieles auch in Eigenregie mithilfe von Büchern oder Kursen festigen, aber für die ersten Schritte solltest du dich an die Hand nehmen lassen, um zu klären, wo genau die Blockaden sind, wie du etwas spürst, wie dein Ego dich beeinflusst – und so weiter.

Wie das Energie-System aufgebaut ist

Es gibt unzählige Möglichkeiten, das Energie-System einzuteilen und zu beschreiben. Ich werde nachfolgend einige Auszüge aus der Betrachtung des Energie-Systems darlegen, die ich praktisch in meiner Arbeit anwenden kann und die auch funktionieren, wie in unzähligen Erfahrungsberichten überliefert.

Grundsätzlich kann das Energie-System in sieben sogenannte Chakren und sechs und mehr Aura-Schichten eingeteilt werden. Mittlerweile arbeite ich mit dem Zwölf-Chakren-System und zum Teil auch 15-Chakren-System, aber zu Beginn reicht es, sich auf die sieben Chakren zu fokussieren.

Es gibt auch über 30 sogenannte Nebenchakren, da kann man auch evtl. Blockaden, Energiemangel oder Energiefluss wahrnehmen. Anfangs ist es jedoch am wichtigsten, die Energie in den Hauptchakren wieder zum Fließen zu bringen.

Bezüglich der Aura-Schichten und deren Anzahl gehen die Wahrnehmungen völlig auseinander: einige sagen, es gebe 212, andere sprechen von 30, wieder andere nehmen sieben wahr. Ich bin praktisch orientiert und finde, dass es keinen Sinn hat, mit 212 Schichten zu arbeiten. Deswegen fokussiere ich mich auf sechs Hauptschichten, bei denen ich vor allem mit vieren davon arbeite.

Das Sieben-Chakra-System

In der chinesischen Medizin wird viel mit dem Chakra-System gearbeitet. Das Wissen über Chakren ist jedoch älter und man kann den Ursprung nicht eindeutig festlegen. Wahrscheinlich haben mehrere unterschiedliche Kulturen die Existenz von Chakren wahrgenommen und sich mit der Zeit auf einen Aufbau geeinigt.

Chakren sind Hauptenergiezentren im Körper. In ihnen können wir spüren und/oder sehen, wenn die Energie fließt oder wenn sich energetische Blockaden darin befinden.

Die sieben Chakren sind:

- Wurzel-Chakra (1. Chakra, Muladhara)
- Sakral-Chakra (2. Chakra, Svadhisthana)
- Solarplexus-Chakra (3. Chakra, Manipura)
- Herz-Chakra (4. Chakra, Anahata)
- Hals-Chakra (5. Chakra, Vissudha)
- Stirn-Chakra (6. Chakra, Drittes Auge, Ajna)
- Kronen-Chakra (7. Chakra, Sahasrara)

Jedes dieser Chakren hat eine spezifische Energie und wird einigen Themen zugeordnet, das unterste Chakra zum Beispiel den Themen Vertrauen, Sicherheit und Stabilität. Wenn sich darin eine Blockade befindet, die während einer traumatischen Situation entstanden ist, ist dieses Chakra blockiert, es fehlt ein Seelenanteil oder es befindet sich blockierende Fremdenergie in diesem Chakra.

Wenn ich das bei jemandem lösen möchte, bitte ich die Person, in die traumatische Situation einzutauchen, damit sich die blockierende Energie im Chakra zeigt. Im nächsten Schritt kann die Energieblockade in diesem Chakra durch unterschiedliche Techniken der Energiearbeit gelöst werden. Danach empfiehlt es sich, die Energie von Vertrauen in diesem Chakra aufzubauen und zu stärken. Es ist auch gut, der Person »Hausaufgaben« mitzugeben, mittels derer sie die Energie von Vertrauen im Wurzel-Chakra aufbauen und stärken kann. Solch ein Vorgehen gilt auch für andere Chakren mit den jeweiligen Themen und Blockaden.

Das ist ein klassisches Beispiel, wie du mit Energiearbeit größere Themen auf einfachere, effizientere und nachhaltigere Weise lösen kannst, anstatt monatelang darüber zu sprechen, dass du das Vertrauen verloren hast und wie du es denn aufbauen könntest. Mit Energiearbeit setzt du am Ursprung an, nicht am Symptom. Unter anderem mit dieser einfachen Technik konnte ich Frauen dabei begleiten, Missbrauchsgeschichten innerhalb von drei Sitzungen vollständig zu heilen.

In dieser Tabelle findest du die sieben Chakren aufgelistet, das Symbol in der jeweiligen Farbe dafür, den Ort im Körper und die zugeordneten Themen, wenn sie fließen und auch wenn sie blockiert sind.

Chakra-Name	Symbol+Farbe	Ort im Körper
Kronen-Chakra		Scheitel
Drittes-Auge-Chakra		Stirn: zwischen den Augenbrauen ca. 2 cm nach oben
Hals-Chakra		Kehlkopf als Zentrum (ganzer Hals)

Im Gleichgewicht	Blockaden
Spiritualität, Verbindung zur Quelle, Verbindung zum höheren Selbst, Akasha-Chronik, spirituelle Gaben, Downloads (Botschaften aus der geistigen Welt erhalten)	Kein Zugang zu spirituellem Wissen, den eigenen Gaben, Downloads (Botschaften aus der geistigen Welt erhalten) etc., wenig/keine Verbindung zur Quelle
Intuition, Erkenntnisse, Hellsehen, Weisheit	Blockierende Glaubenssätze, blockierte Intuition, religiöse Verankerungen
Kommunikation, Selbstwert, Selbstausdruck, eigene Wahrheit, gelebte Kreativität	Machtlosigkeit, sich selbst nicht ausdrücken, Kommunikation bleibt »im Hals stecken«, tiefer Selbstwert

Herz-Chakra		Brustmitte
Solarplexus-Chakra		Oberer Bauch bis zum Bauchnabel
Sakral-Chakra		Ca. eine Handbreit unter dem Bauch-nabel
Wurzel-Chakra		Zwischen Anus und Geschlechtsorgan

Quellen:
Bilder: https://de.depositphotos.com; Text/Inhalt: Erfahrung/Kurse

Liebe, Selbstliebe, Empathie, emotionales Vertrauen, Herz-Verbindung zur Seele	Verletzungen, emotionales Misstrauen, Trauer, gebrochenes Herz, Mangel an Liebe/ Selbstliebe
Ich bin, Wille, Präsenz, Fülle, gesunde Abgrenzung	Ungesunde Abgrenzung, Kontrolle, Machtlosigkeit
Selbstliebe, Selbstwert, Sexualität, Kreativität, Weiblichkeit, Lebenslust, inneres Kind, Sinnlichkeit	Zu wenig Raum für sich, gestaute Emotionen, blockierte Weiblichkeit, Frust, blockierte Lebensfreude/ Energie
Vertrauen, Ur-vertrauen, Stabilität, Sicherheit, finanzieller Flow, gute Verdauung, „physische Sexualität"	Unsicherheit, Existenzängste, finanzielle Probleme, Instabilität, mangelndes Vertrauen

Dieses Beispiel gab dir einen Einblick in die Möglichkeiten, mit denen Themen auf eine andere Art angegangen werden können.

Beachte, dass es trotzdem sein kann, dass kein Vertrauen in eine finanzielle Stabilität oder in eine liebevolle Beziehung herrscht, auch wenn du etwa das Vertrauen in einem Thema aufgebaut hast und diese eine vergangene Situation gelöst hast. Chakren sind multidimensional und bestehen aus mehreren Schichten und Ebenen, die wiederum mit unterschiedlichen Situationen, aber auch inneren Bewusstseinsebenen verbunden sind. Es lohnt sich in einem solchen Fall, es sich bewusst zu machen, dass nun die vergangene Situation sich entspannt anfühlt und geheilt ist, jedoch weitere Themen mit dieser Technik bearbeitet werden können. Auf diese Weise kann Thema für Thema und Schicht für Schicht geheilt werden, sodass ein neues Lebensgefühl entsteht.

Die Arbeit mit den Chakren auf Energie-Ebene kann einerseits bewirken, dass du dich innerlich ausgeglichener, selbstbewusster und sicherer fühlst, andererseits kann sie natürlich, dank des Gesetzes der Resonanz, das entsprechende Abbild im Außen erzeugen: finanzielle Stabilität, eine harmonische Beziehung, die auf Liebe und Vertrauen basiert, und ein toller Job, in dem du dich verwirklichen kannst. Du kannst alles in dir aufbauen und das Spiegelbild im Außen kommt wie von selbst.

Die Aura-Schichten

Auch hier gibt es verschiedene Ansichten zu Anzahl und Aufteilung. Ich bin praktisch orientiert und es muss für mich anwendbar sein, ansonsten sehe ich das Wissen als weniger relevant an und verschwende keine Energie daran.

Vorwiegend arbeite ich mit diesen Schichten:

- Physischer Körper
- Ätherkörper
- Emotionalkörper
- Mentalkörper
- Astralkörper
- Spirituelle Aura-Schicht / Spiritualkörper

Für mich haben diese Schichten immer vollkommen ausgereicht. Bei der praktischen Energiearbeit nutze ich vor allem den physischen Körper, den Emotionalkörper, den Mentalkörper und den Spiritualkörper.

Die Aura ist die Energie um unseren Körper herum. Man kann sie sich wie eine farbige Kugel vorstellen, in die der Körper eingehüllt ist. Diese Kugel besteht wiederum aus unserer Energie, unsere Seele hört nicht mit den Grenzen des physischen Körpers auf, sondern unsere Seele, also das, was wir *wirklich* sind, hat einen Körper. Der Körper befindet sich in der Aura, in unserer Energie. Der physische Körper selbst bildet die erste Aura-Schicht.

Es ist wichtig, diesen in die Heilarbeit einzubeziehen, denn im Körper sind Emotionen gespeichert, Stress, traumatische Ereignisse und so weiter, die befreit werden sollten, damit die Energie wieder in den Fluss gebracht wird. Der physische Körper ist stark mit den Chakren verbunden, wie ein komplexes Spinnennetz, das nur schwer mit dem rationalen Verstand erfasst werden kann.

Der Emotionalkörper ist außerhalb des physischen Körpers, und hellsichtige Menschen können darin gestaute Emotionen aus diesem und früheren Leben erkennen, aber auch Fremdenergie, emotionalen Stress und Ähnliches. Natürlich siehst du im Emotionalkörper auch Emotionen freudiger Ereignisse, Liebe und Freude. Die Aura ist dann heller, leichter und oftmals farbenfroher, wenn du dich gerade sehr gut fühlst.

Im Mentalkörper erkennt man die Gedankenwelt. Es können limitierende Glaubenssätze, negatives Denken und durch traumatische Ereignisse eingeprägte Sichtweisen erkannt und gelöst werden. Es werden auch ein genereller Optimismus und eine positive Einstellung erkannt sowie die Art, wie man denkt und wie die Auffassungsgabe beschaffen ist.

Im Spiritualkörper können das Level des Bewusstseins, die spirituellen Fähigkeiten und die spirituellen Aufgaben erkannt werden. Diese Schicht zeigt auch, welche spirituellen Blockaden man hat und in welchen Bereichen man seine eigenen spirituellen Fähigkeiten, wie etwa Hellsehen oder Heilen, unterdrückt oder gar ablehnt.

Auch über die Energiearbeit mit der Aura können viele Blockaden gelöst werden, beispielsweise wenn wir negative Glaubenssätze über uns selbst haben (Mentalkörper), die auf schmerzhaften emotionalen Erfahrungen (Emotionalkörper) basieren. Wahrscheinlich ist da auch noch Stress im Körper gestaut (physischer Körper), der ebenfalls losgelassen werden möchte. Das Ganze kann noch mit dem Sieben-Chakra-System kombiniert werden: Der negative Glaubenssatz über uns selbst befindet sich in der mentalen Ebene des Solarplexus- und des Sakral-Chakras. Die gestauten Emotionen befinden sich auf der emotionalen Ebene des Herz-Chakras und des Hals-Chakras. Der physische Stress ist etwa vor allem im Solarplexus-Chakra gestaut, da jemand über unsere Grenzen gegangen ist.

Das klingt auf den ersten Blick komplex. Wenn jemand jedoch viel übt, Erfahrung sammelt, sein eigenes Energiefeld ausgleicht und die eigene Wahrnehmung trainiert, können solche Erkenntnisse schnell erfasst werden.

Deswegen empfehle ich, die ersten Schritte mit einer erfahrenen Person zu gehen, die diese und andere Fähigkeiten beherrscht und liebevoll anwenden kann. Mit der Zeit wird es einfacher, vieles an sich selbst umzusetzen.

Weitere Betrachtungsweisen des Energie-Systems

Abgesehen von den Chakren und den damit verbundenen Aura-Schichten gibt es natürlich noch andere Möglichkeiten, das Energie-System zu beschreiben und einzuteilen. Viele arbeiten auch mit den Meridianen, zum Beispiel in der Akupunktur. Die Ayurvedische Sichtweise beschreibt unterschiedliche Energietypen und passt die Kur an sie an. Andere wiederum schwören auf die Fußreflexzonenmassage und die damit verbundene Therapie und Heilung. Ich persönlich wende gern Hypnose und Reinkarnationshypnose an, um in die Tiefen des Unterbewusstseins zu gelangen. Da arbeite ich primär mit dem Unterbewusstsein, kombiniert mit Aura-Schichten und Chakren, weil die Erinnerungen der früheren Leben dort gespeichert sind.

Meine Devise lautet: Alles, was hilft, ist gut.

Was kannst du für dich tun, um in die Heilung zu kommen?

Es gibt so viele unterschiedliche Angebote, Sichtweisen und Techniken, dass einem schwindelig werden kann. Das kann ich gut nachvollziehen, es ging mir früher genauso. Ich habe mich dann intuitiv für etwas entschieden und zum Beispiel zwei bis drei Sitzungen gebucht (nach einer einzigen kann man oft nicht viel sagen und es braucht auch Eingewöhnungszeit). Außerdem habe ich mich für Kurse angemeldet, die sich gut angefühlt haben. So sind Kontakte entstanden und ich konnte mir Wissen aneignen, mit dem sich neue Horizonte eröffneten und ich weitere neue Entscheidungen treffen konnte. Hier empfehle ich, Dinge auszuprobieren und die jeweiligen Fachpersonen um Empfehlungen für dich selbst zu bitten.

Zu mir kommen Menschen aus verschiedenen Nationen und mit ganz diversen Themen: Beziehungen, Depressionen, Burnout, Sucht, Missbrauch, Elternthemen, Unzufriedenheit im Beruf, Berufung finden – um nur einige zu nennen.

Alle diese Menschen fragen mich oft, was als Kombination zu den Sitzungen bei mir passen würde. Das kann auch schon nur eine energetische Massage sein, vielleicht Yin-Yoga oder eine Ernährungsumstellung.

Was ich dir mitgeben will: Bleib dran, gib niemals auf. Auch wenn die Dinge hoffnungslos erscheinen und du das Gefühl hast, nicht weiterzukommen; es gibt immer eine Lösung, es gilt nur, diese zu finden.

Falls du weitere Einblicke in die innere Welt der Empfindungen erhalten möchtest, Tipps und Techniken, wie du diese transformieren und heilen kannst und wie du wirklich mehr deine wahre Essenz lebst, kann ich dir mein erstes Buch empfehlen: »Lass das Gestern nicht dein Heute bestimmen«. Das Buch ergänzt dieses hier sehr gut und eröffnet noch weitere Aspekte und Sichtweisen.

Abschließende Worte

Es ist meine Lebensaufgabe, Berufung und Seelenmission, dieses wunderbare Wissen und diese anwendbaren Techniken in die Welt zu tragen und andere Menschen bei ihrer Heilung zu begleiten und zu unterstützen. Mittlerweile bin ich unendlich dankbar, dass ich so viel Schmerz und Leid erfahren habe, da ich nun wirklich in der Tiefe weiß, wie es sich anfühlt. Ich kann somit Menschen besser verstehen und weiß, dass es vollständig gelöst werden kann, weil ich es vor allem erlebt habe.

So stehe ich nun hier und blicke dankbar auf meine Vergangenheit zurück, nutze all diese Weisheiten im Jetzt und wünsche dir von ganzem Herzen viel Selbstliebe, Heilung und das Aufleben deiner wahren Seelenessenz.

Du bist einzigartig und wunderbar, lass dir das Ausleben deines wahren Ichs von nichts und niemandem nehmen.
Gib niemals auf, bleib dran und finde deinen eigenen Weg der Heilung.

Ich hoffe, dieses Buch konnte dich etwas dabei unterstützen.

Alles Liebe und bis bald

Deine
Sylvia Walukiewicz

Über die Autorin

**Sylvia Walukiewicz** ist spirituelle Psychologin, Schamanin, Autorin und hat die Fähigkeit, energetische Zustände und Emotionen tiefgründig wahrzunehmen. In ihren Einzelsitzungen und Seminaren unterstützt sie Menschen dabei, deren Verletzungen zu heilen und sich das Leben zu erschaffen, das sie sich von Herzen wünschen. Zudem lehrt sie Methoden, durch die man sich mit dem wahren Selbst rückverbinden kann, um das eigene Potenzial zu leben.

Befreie dich mit ihrer Hilfe von alten Mustern, heile und lasse deine verletzte Weiblichkeit wieder aufblühen:

https://beyou-lye.ch/heile-deine-weiblichkeit/

Quellenverzeichnis

Autorenteam, Lexikon für Politik, Recht, Wirtschaft und Gesellschaft (S. 125), Sauerländer Verlag, Bern 1998

Bilder: https://de.depositphotos.com

Walukiewicz, Sylvia (2021): Lass das Gestern nicht dein Heute bestimmen – Transformiere deine Emotionen, akzeptiere deine Verletzlichkeit und lebe deine wahre Essenz, 1. Auflage, tredition GmbH, Hamburg.

Walukiewicz, Sylvia (2021): Leicht in die Energie-Balance – Einfache Übungen, um im Alltag wieder in deine Kraft zu kommen, 1. Auflage, tredition GmbH, Hamburg.

Entdecke
weitere Bücher in unserem
Online-Shop

www.remote-verlag.de